非遗的文化传播与活态传承

胡 畔／著

重庆大学出版社

内容简介

　　本书是高等院校文学、艺术、新闻传播、文化研究等专业"非遗"类必修课、选修课和相关通识课的教材。教材根据国家级项目名录中非物质文化遗产的十大门类，立足人工智能时代背景，对我国西南地区具有代表性的非物质文化遗产进行讲解，重点让学生了解民间文学、传统音乐、传统舞蹈、传统戏剧、传统美术、传统技艺、民俗等非遗项目的具体形态，在我国历史文化中的重要价值和现实意义，以及在当代如何实现活态传承。

图书在版编目(CIP)数据

　　非遗的文化传播与活态传承 / 胡畔著 . -- 重庆：
重庆大学出版社，2024.8. -- ISBN 978-7-5689-4776-3

　　Ⅰ. G127.7

　　中国国家版本馆 CIP 数据核字第 2024SW1846 号

非遗的文化传播与活态传承

FEIYI DE WENHUA CHUANBO YU HUOTAI CHUANCHENG

胡　畔　著

策划编辑：林佳木

责任编辑：李桂英　　版式设计：林佳木

责任校对：王　倩　　责任印制：张　策

*

重庆大学出版社出版发行

出版人：陈晓阳

社址：重庆市沙坪坝区大学城西路 21 号

邮编：401331

电话：(023)88617190　　88617185(中小学)

传真：(023)88617186　　88617166

网址：http://www.cqup.com.cn

邮箱：fxk@cqup.com.cn(营销中心)

全国新华书店经销

重庆市正前方彩色印刷有限公司印刷

*

开本：720mm×1020mm　1/16　印张：11　　字数：170 千

2024 年 8 月第 1 版　2024 年 8 月第 1 次印刷

ISBN 978-7-5689-4776-3　定价：49.00 元

前　言

　　我国各民族创造的灿烂丰富的非物质文化遗产凝聚着中华文明强大的精神动力，是中华文化发展创新的不竭源泉。其保护传承是中华文化发展的需要，是事关各民族政治认同、文化自信、凝聚团结的精神纽带，对铸牢中华民族共同体意识、助力国家经济和文化建设不可或缺。改革开放以来，我国高度重视对国家文化遗产的保护，在21世纪初加入联合国《保护非物质文化遗产公约》，并在其后20年间制定了一系列保护传承非物质文化遗产的政策措施。

　　党的十八大以来，习近平总书记高度重视对文化遗产的保护传承，他强调："要加强非物质文化遗产保护传承，把各民族优秀传统文化发扬光大。"非遗融入教育，是一种切实可行且可持续的保护传承非遗的方式。推进非遗融入教育，既能丰富教学内容、传播民族文化、增强文化自信，又能为非遗的创新性发展、创造性转化培养和积蓄内生动力。非遗教育意义深远，不仅有利于非遗保护传承的观念革新，还有利于非遗传承人和从业者培养。2015年，文化和旅游部联合教育部实施"中国非物质文化遗产传承人群研修研习培训计划"，为非遗保护工作提供高校的学术和教学资源支持。中央民族大学、西北民族大学、西南民族大学等不少高校开设了非遗专业或非遗培训班，使非遗传承人、从业者等非遗工作者增强了非遗政策意识，增长了非遗保护传承的知识和技能。2021年，文化和旅游部联合教育部、人力资源社会保障部印发《中国非物质文化遗产传承人研修培训计划实施方案（2021—2025）》，举办1100余期培训班，受训学员超3.8万人次，加上延伸培训覆盖人群超10万人次（根据文化和旅游部网站2022年数据），为非遗的保护传承积蓄内生力量。西南地区的各省、自治区、直辖市制定了本地"十四五"非物质文化遗产保护规划，均提出推动非遗普及教育，促进非遗融入国民教育体系。支持高校加强非遗相关学科专业和课程建设，加大非遗高层次人才培养力度；支持代表性传承人参与高校相关科学研究和教学；支持有条件的高校自主增设硕士点和博士点；支持职业院校设立民族传统技艺、非遗相关产业学院，育训结合培养非遗创新型技术技能人才。推动非遗进校园，鼓励建设非遗代表性项目特色传承基地和非遗传承教育实践基地，推动创建一批国家级、省级基地，通过人才培养、基地建设等方式使非遗保护传承具有可持续的内在动力。

近年来，在非遗进校园的背景下，许多高校为了让学生了解非遗的意义和价值，先后开设了非遗专业课、选修课及第二课堂的实践活动。四川大学、重庆大学、西南大学、西南民族大学、西藏大学、云南大学、云南民族大学、贵州民族大学、电子科技大学、西南财经大学、重庆师范大学、四川师范大学等高校和一批职业技术学院都开设了非遗相关课程，如"非遗艺术鉴赏""西部非遗专题选讲""西部文化艺术鉴赏""中国少数民族艺术""中国传统民间技艺""民间文学""民间舞蹈""西部民歌赏析"等。许多高校结合教学需要邀请非遗传承人为学生授课和现场演示。一些高校还组织师生进行田野调查，结合非遗类大学生创新创业训练课题撰写调查报告与论文，拍摄非遗纪录片，推进非遗的现代传播和创新研究。

当前，关于非遗的教学应高度重视人工智能的赋能作用，这样可以更有效地拓展教学领域，取得教学和实践的良好效果。2024年，教育部启动人工智能赋能教育行动，其中包括邀请"大咖"谈AI、组织名师教AI、鼓励师生学AI等措施[1]，旨

---

[1]《教育部发布4项行动助推人工智能赋能教育》，中华人民共和国教育部，2024年3月28日。

在丰富教学内容，增加课堂互动，提升教学质量，必将为非遗的教学带来新的机遇和新的视野。相关专业的教师应积极引导学生充分利用人工智能激发求知欲，培养问题意识，提高思辨能力，引导他们发展跨学科的知识运用，在理论结合实际的实践中，增强创新创造能力。

本教材着眼人工智能时代的非遗文化传播和活态传承，在教材体例安排、内容设置上，均考虑到了以人工智能辅助教学及课堂实践的需要。教师和学生可利用人工智能作为辅助工具，以教材各章节的基础知识为出发点，查询各类非遗项目相关的历史渊源、地域环境、文化特征及精神内涵。利用视音频等多元符号资料，直观、立体、形象地感知非遗的文化形态与阶段性特征，了解其保护传承的现状和面临的现实问题。在开阔的视野中探索非遗在当代社会的活态化传承路径和方法，以及对人工智能时代工具理性和价值理性的正确认知。

本书为高校非遗专业课、专业选修课和通识课的教材。主要教学目的是让学生了解我国西南地区具有代表性的非物质文化遗产及其在我国历史文化中的重要价值和现实意义，以增进学生对中华优秀传统文化的整体了解，增强他们的文化自信，激发他们对传统文化在当代创造性转化和创新性发展的使命意识，推动他们为促进中华文化对外传播、促进世界文明互鉴作出应有的努力和贡献。

本书教学配套PPT
扫描二维码获取

目　录

第**1**章
导 论

文化遗产是民族和国家的重要标识，反映了民族和国家的发展进程，构成了人类文明的多样性。文化遗产包括物质文化遗产和非物质文化遗产。物质文化遗产是指有形文化遗产，包括人类文化遗址、历史文化名城、古建筑、古墓葬、石窟壁画以及各时代艺术品、文献资料等具有史料价值与科学、艺术价值的历史文物。非物质文化遗产是联合国教科文组织《保护非物质文化遗产公约》所定义的"被各社区、群体，有时是个人，视为其文化遗产组成部分的各种社会实践、观念表述、表现形式、知识、技能以及相关的工具、实物、手工艺品和文化场所"①。公约指出非物质文化遗产是指各种以非物质形态存在的与人们生活紧密相关的、通过时代承袭下来的各种传统文化表现形式，主要依靠口头或动作方式传承，包括民族语言、民族神话、民族风俗习惯，民族音乐、民族舞蹈、民族绘画、民族雕刻等各种艺术形式以及传统手工技艺等。

国务院先后于2006年、2008年、2011年、2014年和2021年公布了五批非物质文化遗产国家级项目名录（前三批名录名称为"国家级非物质文化遗产名录"，《中华人民共和国非物质文化遗产法》实施后第四批名录名称改为"国家级非物质文化遗产代表性项目名录"），共计1557项国家级非物质文化遗产代表性项目（简称"国家级项目"），按照申报地区或单位进行

---

① 联合国教科文组织第32届大会：《保护非物质文化遗产公约》，2003年10月。

逐一统计，共计3610个子项。国家级项目名录将非物质文化遗产分为十大门类，分别为：民间文学，传统音乐，传统舞蹈，传统戏剧，曲艺，传统体育、游艺与杂技，传统美术，传统技艺，传统医药，民俗。①

本书从我国西南地区非遗代表性项目中选取讲解案例，所选非遗项目均来源于中国非物质文化遗产数字博物馆收录的国家级项目。本书主要内容包括民间文学、传统音乐、传统舞蹈、传统戏剧、传统美术、传统技艺、民俗等国家级项目及其在当下的活态化传承和现代传播情况，具体来讲包括这些项目产生的历史背景、发展历程、思想内容、生产工艺、艺术特色、文化价值、在国内外的影响及其保护传承与发展现状等。每章设立"人工智能与非遗"专栏，旨在让师生在人工智能的辅助下丰富教学内容，增强互动与交流，进一步探索相关领域的未来发展。为了增加学生对非遗的直观认识和深入了解，各教学单位和任课老师还可在教学过程中组织学生进行非遗专题调查、参观访问非遗展陈展演现场，邀请非遗传承人进课堂进行专题互动交流等。全国许多高校通过非遗进校园活动，让国内国际学生了解了非遗知识，亲身体验了非遗的魅力。例如，重庆大学邀请川剧著名演员进校园展演后，该校学生自编自演了川剧经典剧目《白蛇传》（图1-1），并面向社会民众进行公演。四川大学非遗研究中心师生参与策划绵竹年画艺术节，设计制作了首部年画动漫贺岁广告《回家过年》。此外，还有许多高校邀请了民间文学、传统音乐、传统舞蹈、传统美术、传统技艺等非遗传承人进校园进行展演和传授技艺，对非遗传播产生了良好的影响。

各民族非物质文化遗产所呈现的不同技艺形式与文化内涵，反映了民族文化的多样性。这些丰富多样的非物质文化遗产凝聚了各民族的原始图腾、精神信仰、历史文化、生产生活方式及民情风俗，代代流传，影响深远，成为民族历史文化的活化石和民族共同记忆。非物质文化遗产作为人类文化的精神记忆与物态延续，在文明发展史上占有重要地位。丰富多彩的民族文化是各民族的特征标识，因为相距相异而产生距离美、差异美，

---

① 《国家级非物质文化遗产代表性项目名录》，中国非物质文化遗产网·中国非物质文化遗产数字博物馆。

构成了不同民族交往交流的基础。许多民族文化符号不仅具备独特的象征意义，还拥有高度的凝聚力、影响力和传承的生命力，能唤起人们对世代流传下来的历史文化的认同，强化人们的民族文化自信和文化自觉意识。

图1-1　重庆大学学生自编自演的《白蛇传》剧照　照片来源：重庆晚报

　　尊重与肯定文化多样性是当今世界多数国家认同的国际关系准则。经济学家斯蒂芬·玛格林认为，文化多样性可能是人类这一物种继续生存下去的关键。[①]人类文化由许许多多别具一格的文化个体所构成。这些单一文化个体只有与其他文化相区别，才能在人类文明中凸显出来。文化个性成就了文化多样性，文化多样性成为人类历史文化发展进程中最显著的特征，也是文化得以存活和发展、全球文化实现共存共荣的物质与精神维系。

　　文化具有特定的时空界限与特征，代表着一定时空下人们共享的意义、信仰与价值，是人们思维模式、审美观念、行为准则的反映。然而当今时代，整齐划一的文化产品充斥着全球文化市场。文化作为商品符号在市场

---

　　① 联合国教科文组织编：《世界文化报告2000：文化的多样性、冲突与多元共存》，关世杰等译，北京：北京大学出版社，2002年，第159页。

消费中被消减了异质性而更多地趋向同一性，为文化多样性带来挑战，一些弱势文化面临保护困境甚至濒临灭亡。因此许多国家日渐重视保护民族文化多样性，依靠民众和社会团体的支持，让传统民族文化的发展得到有效推动。联合国教科文组织非物质文化遗产部原主任塞西尔·杜维勒指出，文化多样性之于人类社会，就如同生物多样性之于自然界，其重要性不言而喻。①她认为应在不同文化之间实现一种平衡，以此鼓励和帮助每一种文化的推广交流、繁荣发展和促进文化产品的输出输入。

全球化为保护文化多样性创造了更好的机遇。学者阿尔布劳认为，全球化时代给文化观念带来的最大最新的意义，实际上就是使种种隔膜与界限失效，并使许多成分从以前话语的种种限制与禁锢中解放出来。②尊重文化多样性，加强世界各民族文化交流，促进民族文化传播，是向国际社会讲好中国故事的重要途径。由国务院批准的中国成都国际非物质文化遗产节是国家级、国际性的文化节，是国际社会首个以推动人类非遗保护事业为宗旨的大型文化活动，也是联合国教科文组织参与主办并在我国举办的唯一国际文化盛会。从2007年5月至今已成功举办了8届中国成都国际非物质文化遗产节（图1-2、图1-3），国际非遗节期间不仅有全国各地的非遗项目展演，还有非遗主题的国际会议、论坛和群众参与非遗体验等活动。此外，在全国各地曾多次举办过国际非遗专题交流展演活动。这些活动以中国非遗文化为切入点向国际社会发出了中国声音，讲述了中国故事，让民众听到和看到了非遗承载的民族文化，为增进各国人民友谊、促进文明互鉴、发展人类文化发挥了积极的作用。

文化自信源于文化记忆，文化记忆强化文化自信。奥斯曼认为，文化记忆是一个集体概念，指所有通过一个社会的互动框架指导行为和经验的知识，都是在反复进行的社会实践中一代代地获得的知识。③在漫长的历史中，那些精粹的有生命力的文化，也会随着社会发展和时代变迁，不断地

---

① 《文化多样化持续推进》，《人民日报》，2012年12月13日。

② 马丁·阿尔布劳：《全球时代》，北京：商务印书馆，2001年，第228页。

③ 简·奥斯曼：《集体记忆与文化身份》，载于陶东风、周宪主编：《文化研究》第11辑，北京：社会科学文献出版社，2011年，第4页。

图1-2　第二届中国成都国际非物质文化遗产节　胡畔 摄

图1-3　国际非遗节上川剧变脸与非洲舞蹈同台演出　胡畔 摄

注入新鲜的血液，始终保持丰厚鲜活，延续着一个个民族的精神。文化记忆是有关记忆的历史，是人类历史阶段的叠加，其实质是人类对自我不断反思与确认的过程，也是证实自我历史创造者的集体成员身份的过程，其中包含了个体意识与集体意识。在各民族非物质文化遗产中，如民俗传统节日的仪式典礼等集体活动，不仅集中展现了民族的多样文化，还反映出这些文化元素在时代变迁中的承继与变异现象，是民族文化的一种流动性记忆过程。文化记忆由特定社会、特定时期拥有和使用的文化符号系统构成，包括语言符号系统和非语言符号系统。族群内部成员凭借文化记忆实现交流互动，族群与族群之间也凭借各自的文化记忆进行区分与交流。文化记忆即族群的身份标识，影响着民族文化的沟通与认同。

在社会变迁中积淀下来的民族文化记忆，成就了民族无形的价值规范。族群成员对族群价值规范的归属度，反映了他们对族群文化记忆的归属度，也体现了他们对自我身份的确认和对族群的认同。族群能认同祖先开创的历史和流传下来的文化，就能强化民族文化自信和文化自觉意识。族群成员对民族文化的价值取向及文化归属感，也取决于对民族文化内涵与精神的认同。各民族在不同时代都因为共同的生存环境和生存目标，维护着族群共创和继承的文化，代代相传，形成文化的接力机制，使民族文化历经漫长的岁月而具有相对的稳定性和完整性。因而寻找和巩固民族文化记忆是民族生存、国家发展的需要。随着全球化、现代化、都市文明的推进，身份焦虑成了现代人共通的问题。习近平总书记在庆祝中国共产党成立九十五周年大会上的讲话指出："文化自信，是更基础、更广泛、更深厚的自信。在5000多年文明发展中孕育的中华优秀传统文化，在党和人民伟大斗争中孕育的革命文化和社会主义先进文化，积淀着中华民族最深层的精神追求，代表着中华民族独特的精神标识。"加强各民族交往交流交融能增进各族同胞对中华文化和中华民族的认同，有利于铸牢中华民族共同体意识。有了这样的身份认同和文化认同，各民族文化才能得以有效传承，才有利于各民族和睦相处、文化交融发展，有利于国家安全和社会稳定。

随着我国经济文化的发展，非物质文化遗产在文化产业链条上发挥着更重要的作用。21世纪以来，国家对非物质文化遗产保护传承以及活态发展高度重视，采取各种措施促进文化产业的振兴发展，将文化投入市场，进行生产性、技术性的保护传承。文化资源的开发利用丰富和提升了人们的物质与精神生活水平，大大激发了国民经济的创新活力，可谓实现了科学化、活态化的文化保护传承。尤其是民族地区非遗项目的活态发展拉动了当地的旅游产业，带来经济效益的同时又促进了文化与精神文明的进步。非遗资源作为我国文化战略发展的重要组成部分，关系到我国文化软实力建设，是文化产业、文化创意产业的重要来源，应该成为我国推进文化供给侧改革的重要议题之一。实现非遗的现实价值需要不断激活非遗的文化生命力和创新活力，在维护非遗原真性的前提下考虑生产性保护，以文化经济理念发展非遗文化产业。随着国家经济的发展，民众文化素质普遍提高，更加追求物质生活与精神生活品质，文化资源的可创造性和可持续发展性都具有较大的市场升级空间。让文化资源成为重要的、占有较大份额的市场经济组成部分，进一步挖掘利用文化资源价值，大力发展文化产业和文化创意产业是国家的重要战略举措。但同时我们也应该警醒，要以发展的眼光开发利用文化资源，选择生产性保护的路径，不能为了商业利润而破坏文化生态，不能过度开发、扭曲异化、浪费滥用文化资源。

党中央、国务院对非遗保护传承提出了系统、全面的要求。文化和旅游部等相关部门专门制定"十二五""十三五""十四五"非遗保护纲要、规划，强调非遗在传承中华文化、建设文化强国中的重要意义，提出非遗项目和传承人的普查与申报、非遗教育与培训、非遗机构设立和机制建设、生产性保护、文化生态保护区和实验区建设、非遗数字化建设、非遗融入城市和民众生活等各项措施，保障了全国非物质文化遗产保护传承工程的整体性和系统性，为乡村经济文化发展、乡村振兴和我国文化建设注入了新的活力，进一步增强各族人民的文化自信，进一步铸牢中华民族共同体意识。

要做好非遗的传播工作，必须促进非遗的社会普及，让更多的城乡民众了解非遗，为非遗的传播提供更广阔的社会空间。随着国家保护发展非遗各项政策的推进和落实，各民族非遗的保护与传承在其所在民族地区已受到应有的重视并取得较好的成效，但是对跨民族、跨地域的民众尤其是对在城市生活的人们来说，由于历史地理因素、生活经验以及语言习俗等差异，对远离城市场景的非遗依然具有认知距离，大多市民对非遗的认识仅仅停留于局部的、表象的认识。然而保护传承、创新发展非遗的前提是社会大众尤其是经济文化教育相对发达城市的民众对非遗历史地位、文化价值和现实意义要有正确认知和深入思考，并能积极参与非遗的各项工作。只有增进整个社会对各民族非遗的深入了解、认知、认同，才能更广泛地促进社会大众对非遗的历史文化价值和现实社会意义的深入理解，对非遗产品、产业和市场行为的了解和认同，激发社会大众对非遗的自觉保护和创新发展意识，从而促进非遗在现代社会的发展与传承。

人工智能与非遗 ⓥ

请举例谈谈人工智能运用于非遗资源的调查挖掘方面具有哪些优势。

延伸思考题：

1. 我国非遗在华夏历史文化中具有什么样的地位？
2. 保护传承和发展非遗的现实意义是什么？
3. 非遗对促进民族交往交流交融的重大意义是什么？
4. 国家为保护传承和发展非遗制定了哪些重要举措？

第 2 章
民间文学

民间文学是世界各国、各民族文化的重要组成部分，来自民间，更能体现各民族的生存方式和精神世界。我国拥有丰富多彩的民间文学，它们以口耳相传或文字记载的形式被记录传承下来，反映了华夏各民族在不同历史发展阶段的社会生活面貌，凝聚着各民族历史文化传统、价值观念、思想情感以及审美追求，极具史料价值和文学艺术价值。民间文学包括神话传说、民族史诗、说唱文学、歌谣、谚语等。这些通俗朴素的文学样式在民间广泛流传，不仅是传递社会信息的重要方式，也是沟通情感、表达愿望的重要方式。民间文学在当代的承继发展中，借助多元的媒介形式得以广泛传播交流。这大大促进了各民族相互了解和认同，扩大了民族传统文化的当代影响力，增进了民族文化自信，强化了我国多民族文化的共同精神记忆，是铸牢中华民族共同体意识的重要文化资源。本章以禹的传说、格萨（斯）尔和彝族克智为例，分别介绍其产生的历史背景、思想内容、艺术特色以及保护传承现状。

第一节　禹的传说

关于尧、舜、禹的传说反映了我国原始社会末期历史情况。公元前2070年夏朝的建立，标志着我国原始社会的结束和奴隶社会的开始。在夏朝建立之前，禹因治水患建立了卓著的功劳，获得了很高的威信，受到舜的高度信赖和百姓的广泛拥戴，成为夏朝的开国天子。后人尊称其为夏禹，也称大禹，与尧、舜齐名。作为我国古代的圣贤帝王，他在执政前后最卓著的功绩体现在治理洪水、解除水患，为国家和百姓赖以生存的农牧生产提供保障。禹将华夏版图划定为九州，联盟各部落同心协力为建立华夏国家、维护国家的统一和发展作出了巨大贡献。几千年来，禹的事迹在民间广为流传，逐渐形成了"禹的传说"，成为中华民族最古老的英雄史诗之一。他开拓进取、勇于拼搏、善于创造、公而忘私与勤政为民的精神至今为人们颂扬。禹的传说于2011年被列入国家级非物质文化遗产名录。

一、禹的传说的历史背景

禹的传说的产生有其特殊的历史背景。据《尚书》《吕氏春秋》《史记·夏本纪》等历史文献记载，禹的父亲鲧因治水之法不当，只堵不疏导致治水失败，后来禹吸取父亲的教训，在治水过程中率领民众以疏导为法，不辞辛劳昼夜奋战13年，终于战胜洪灾，平复了水患。帝舜禅位于禹，后由禹建立夏王朝，历代民间关于禹的传说显得丰富、生动而传奇。

"洪水之患，盖远起于炎、黄之际"①。在禹的时代，当时百姓的生存条件还处于原始阶段，生产力低下，劳动工具简陋，虽然能通过农牧维持部落的基本生存，但面对洪水等不断发生的自然灾害是难以战胜的。人们对大自然的造化与威力既有原始的恐惧，也有原始的崇拜，对部落中能率领民众与大自然抗衡的头领人物也有着崇拜和依顺的心理。大禹治水的传说中有不少与龙有关的故事，例如，呼风唤雨的龙带来洪水，大禹与它们搏斗并战胜它们的故事。这些故事在大禹治水流域广为传颂，一些地方还有刻石记载（图2-1）。大禹治水的传说来源于他率先民治水的真实活动，由于他父亲鲧治水失败而被舜诛杀于羽山，他临危受命，吸取父亲治水失败的教训，采取疏导治水的办法最终获得成功，为老百姓生活生产带来了保障。根据《史记》记载，禹为抗洪治水三过家门而不入。这种大公无私

---

① 吕思勉：《先秦史》，北京：北京理工大学出版社，2016年，第68页。

的精神让老百姓深受感动从而对他心生崇拜，将他当作英雄礼拜，并将他的事迹和老百姓的心愿融合在一起口口相传。关于禹的传说里还包括禹具有超人力量和上天相助的神话故事，老百姓也津津乐道。

历代帝王和地方官员对禹的祭祀和评价，也不断丰富着禹的传说。从先秦时期禹的传说到汉武帝登嵩山见启母石并祭祀启母，颍川太守等使臣在登封建汉太室阙、少室阙、启母阙崇祀大禹，到唐高宗与武则天祭祀与敕封夏启、启母与少姨（禹的第二个妻子，涂山女之妹），以至宋、明、清时代绍兴、登封、石泉（北川）、成都、忠县、奉节多地兴建大禹庙并举办祭祀活动等，都影响着不同时代各地百姓对禹的崇拜，使禹的传说得以进一步流传与丰富。1949年后，随着各地水利建设的发展，人们更加感念禹当年为民造福、天下为公的精神，对禹的传说给予了莫大的尊敬和颂扬。禹的传说在被认定为国家级非物质文化遗产的新的历史背景下，将得以更好地保护和传承。

图2-1　汶川大禹传说浮雕　胡畔 摄

二、禹的传说的思想内容及艺术特色

作为民间文学，禹的传说包括了禹的家世、出生、婚姻，抗洪治水、兴修水利，会盟部落首领，立国传子等故事。不同历史时期形成的禹的传说都反映出华夏民族对历史的追忆，以及希望与自然和谐相处、向往国家开明政治和追求美好生活的理想。禹的传说塑造了一个远古时代的治水英雄形象，反映了禹率领民众治水的历史，形成了中华民族一部古老的英雄史诗，其思想内容的核心是勇于拼搏、开拓进取、公而忘私与勤政为民的民族精神，成为中华民族精神的源头和象征，在中华文明发展史上起到重要的作用。

禹的传说中的神话内容反映出华夏民族先民的原始生命观。鲧禹治水神话中的"借尸还阳"和"鲧腹生禹"等故事表达了先民对生命延续和转换的想象，这样的生死转换、生死相依的宿命观反映出先民对命运无法主宰和死亡的无奈以及对延续生命的希望，同时也体现出他们对大自然伟力的依赖和崇拜。

禹的传说中的婚姻故事和"三过家门而不入"的事迹反映出禹公而忘私的家国情怀。传说禹在治水过程中与涂山女相遇，但为了率民治水并未急于和涂山女结为连理，而是继续考察水情和治理水患。涂山女只好让侍女在涂山南坡等候着禹归来，并作了盼望禹归来的歌谣。禹"三过家门而不入"，率领和指导民众治水，与民众同甘共苦、齐心合力，历时13年最终完成了这一艰巨而宏大的任务，充分展现了禹爱国爱民、无私奉献的崇高精神。

禹的传说的治水之法遵循自然规律，体现了按客观规律办事的思想。面对洪水严重泛滥的问题，禹从父亲治水失败中吸取教训，改变了只堵不疏的错误做法，经过实地勘察和客观分析，积极听取老百姓的意见，因势利导，集中人力物力采用以疏导为主的方式，最终成功地治理了洪水。治水过程不仅体现了禹的聪明才智和领导能力，也反映出国家大事必须紧紧团结老百姓，更说明了按客观规律办事的重要性。

禹作为夏朝的第一个君主，在政治上也作出了开拓性的改革和贡献。在位期间，为巩固华夏第一个国家政权，他不仅以联盟的方式团聚和控制各个部落，划定九州、分而治之，还施行威加海内、以德治邦的政策。禹为了排除内乱，稳固江山，将天子之位传给了儿子启。从此以后禅让制被世袭制所取代，漫长的原始社会被私有制社会所替代。从人类进化和历史规律来看，这应该是华夏文明史向前推进的一大步。夏朝作为中国由部落向国家演进的完成阶段，禹的传说承载了这一时期的历史参考价值，成为历史研究的重要对象和中华文化研究的一个重要组成部分。

禹的传说是我国最古老的民间文学之一，在几千年的传说和演变中，无论是口口相传还是文字记载的内容，都形成了自身特有的形式和艺术特色。

想象丰富，故事情节多元。在禹的传说中，不难看出想象对于刻画和展现禹的身世、抱负与治水治国的超凡才能的重要作用以及所产生的强烈感染力。现实的人和事不断融入非现实的神话因素与传说色彩，在丰富的想象中虚实相生，使禹的传说的内容得以持续发展和丰富，从而使崇拜禹的民众更乐于相信和学习其精神、口口相传其故事。

非逻辑性的散点叙述性特点。在历代官方文献中，关于禹的事迹的记载支离破碎，只有零星片段；在民间传说中，禹的所有故事也难见完整脉络和具体情节。这种非逻辑性的散点叙述性叙事方式，具有华夏文明早期神圣叙事的原型编码性质。然而禹的传说作为一种文化记忆，在产生过程中打上了鲜明的历史烙印，体现了其作为华夏初始文化的独特记忆和时代特定的文化符号。

以生活化、感情化的言说弱化政治说教。禹的传说明显有着鲜明理想化的叙事色彩，但以生活化、感情化的述事弱化政治说教，让传说的故事更能为老百姓喜闻乐见。跋涉治水途中，禹遇涂山女本可早结良缘，但为率民治理水患推迟婚期，轻儿女情长，重民生之危难；面对洪水肆虐，途经家门三过而不入，继续奔波各地奋战，尽显天下为公的情怀。这些故事的表达区别于正统的政治观念和精英文化的卫道叙事模式而十分贴近生活，采用以情动人的言说方式，感染力大大超过了政治说教的豪言壮语，为历代老百姓津津乐道，至今仍具有鲜活的生命力和审美价值。在传说禹诞生和治水的地方，当地民众至今还会在他的诞生之日举行各种庆祝活动，讲述关于他的传说，以表达对他丰功伟绩和大公无私精神的纪念（图2-2）。

图2-2　大禹诞辰祭祀活动在北川举行　图片来源：北川融媒体中心

三、禹的传说的保护传承现状

关于禹的传说在我国各地区广为流传，许多地方从古至今都有纪念他的庙宇、碑刻和传说中与他有关的遗迹。禹的传说是中国民间文学的代表作，在其被列为国家级非物质文化遗产代表性项目以后，禹的遗迹和纪念地得到了更好的保护，禹的事迹和精神得到了更广泛的传播与传承。

传说为大禹诞生地的四川北川，当地政府采取了各种措施加强对大禹遗迹和传说的保护。当地不仅申请了国家级非遗项目认定，还对保存下来的30余处大禹遗迹和传说分门别类地进行了文字、音像记载，增建了紧邻岷江新县城的禹王桥、禹王广场、禹龙小区等纪念建筑，命名了"石纽路""望崇街""石泉街"等有大禹文化符号的街道，落成了大禹雕塑和大禹故事浮雕等，将大禹文化融入日常生活和公共空间，进一步强化了大禹文化的氛围和传承。自2019年以来，北川已连续举办6届海峡两岸大禹文化交流活动暨大禹诞辰祭祀，这些活动为传统的大禹祭祀赋予了新内涵，促进了两岸同胞文化与血脉认同。北川地区长期开展大禹文化传承普及，通过设置禹羌文化研究中心，举办"大禹智汇"报告会、"禹羌大讲堂"、电视栏目《禹风》等向干部群众宣传大禹精神和大禹文化。

　　此外，北川石纽村与浙江绍兴禹陵村结成友好村落，北川羌城旅游区与浙江大禹陵景区缔结友好景区，进一步促进了大禹文化的交流与传承。

　　传说绍兴是大禹南方治水、结盟诸侯的地方，也是他的安葬地。大禹崩葬会稽后开始有了守禹陵、奉禹祀的活动，历时数千年传承不绝，成为流行于浙江省绍兴市的民俗活动。大禹祭典被认定为国家级非物质文化遗产。2007年起，绍兴公祭大禹陵典礼成为地方政府组织的重大纪念活动。2022年至2024年连续3年在绍兴禹王陵举行了盛大的公祭大禹陵典礼（图2-3），大禹后裔代表、全国少数民族代表、港澳同胞代表、台湾同胞代表、海外侨胞代表以及全国社会各界代表参加了盛典。绍兴在保护和传承大禹传说方面取得了丰硕成果，在地方相关部门的主持下，发布了《绍兴禹迹图》《浙江禹迹图》和《中国禹迹图》，通过地图的形式直观、简明地呈现了大禹文化历史遗迹的分布、类型和现状等情况，反映了大禹文化的影响范围和传播路径。专门的研究人员还在规划编制《东亚禹迹图》，并取得了《禹迹图编制导则》等重要成果。这些举措和成效体现了绍兴对以大禹治水精神为代表的中华优秀传统文化的重视、保护和传承。

图2-3　2023年公祭大禹陵典礼在绍兴举行　骆海淼　摄

其他与大禹传说有关的地方，也加强了对大禹遗址和故事的保护，开展了各种形式的大禹文化研究和纪念活动，向民众讲述大禹故事、传播大禹文化，促进大禹精神的传承与弘扬。这些活动有效地推动了全国大禹研究工作，加强了大禹文化的普及和传承。我国周边国家也对大禹的人类共同遗产价值形成了更深刻的认知。大禹文化和大禹精神在历史发展过程中早已超越了区域与国界，持续不断地产生着影响。

第二节　格萨（斯）尔

格萨（斯）尔是千百年来藏族人民集体创作的英雄史诗，集中反映了藏族的原始社会形态和远古文明，同时也融入了不同时代的宗教信仰、文化观念与审美理念。史诗的主角格萨尔王是藏族人民心中的英雄，他降临下界后降妖除魔、锄强扶弱、南征北战，统一了大小150多个部落。描写他征战生涯的说唱艺术作品格萨（斯）尔被誉为"东方的荷马史诗"，以口耳相传的方式传唱了千年，流传于我国青藏高原的藏族、蒙古族、土族、裕固族、纳西族、普米族等民族中。现存的格萨（斯）尔共120多部、100多万诗行、2000多万字，超过世界五大史诗的字数之和，并且内容仍在不断增加。2006年，格萨（斯）尔被列入第一批国家级非物质文化遗产名录。2009年，格萨（斯）尔史诗传统入选联合国教科文组织人类非物质文化遗产代表作名录。

一、格萨（斯）尔的历史背景

格萨（斯）尔史诗的创作背景与藏族社会的历史发展紧密相关。公元6世纪至公元8世纪，吐蕃王朝从逐渐兴盛到崩溃的过程中，藏族社会由奴隶制向封建农奴制转化，社会处于大动荡、大变革时期，统治阶级内部争权夺利、互相攻伐，人民饱受战乱和流离之苦。在这样的时代背景下，人们热切盼望能有一个英雄来拯救他们，格萨尔王便应运而生。

吐蕃王朝是藏族历史上十分重要的发展阶段，此间发生的一些重大事件成为格萨（斯）尔的丰富素材来源。格萨（斯）尔里描写的大大小小近百场战争大多是以这一时期真实发生的战争为原型进行创作的。来自民间的说唱艺人将这些事件作为题材编进格萨尔王的故事里，将真实的历史和老百姓的愿望演绎为亦真亦幻的民间文学，极大地充实和丰富了格萨（斯）尔的内容，以口耳相传的形式广泛传播，甚至随着吐蕃王朝军队的远征传播到喜马拉雅山南部地区。公元8世纪末叶，吐蕃统治阶级的内部矛盾日趋激化，王室内部互相争夺，使吐蕃陷于分裂崩溃。这段时期吐蕃将领之间不断发生混战，给广大贫苦民众带来了深重的灾难。处于水深火热环境中的民众更急切地盼望救世英雄的出现，他们祖祖辈辈崇拜的格萨（斯）尔自然被赋予了更多的神威，由此也不断地为格萨（斯）尔的神话增添新的内容，使其故事线索和内容更加完整。在民间传播中，格萨（斯）尔逐步流传到周边格萨（斯）尔邦国和地区的各民族群众之中。

公元11世纪前后，随着佛教在藏族地区的复兴，藏族僧侣开始搜集民间传播的格萨（斯）尔故事，进行整理、加工、编纂与收藏。自此格萨（斯）尔的基本框架初步形成，并出现了最早的手抄本。在此后千百年的传播中，随着时代的变迁，格萨（斯）尔的内容不断融入了新的故事和情节，整体体量大幅增加，传播方式不再局限于口耳相传。格萨（斯）尔史诗传统入选联合国教科文组织人类非物质文化遗产代表作名录以来，为了更好地活态发展，藏族地区已经将格萨（斯）尔史诗的故事情节编成藏戏、歌舞剧等形式在当地和全国各地巡演（图2-4）。

二、格萨（斯）尔的思想内容及艺术特色

格萨（斯）尔史诗的内容虽然有着不同时代、不同地区的烙印，但其主旋律都是期望民众安居乐业、天下安乐祥和。在向其他民族传播的过程中，格萨（斯）尔史诗既从这些民族地区吸收了丰富的文化营养，又反过来向他们输送了诸多藏文化因子，成为喜马拉雅山地区多民族文化圈的一个重要组成部分。格萨（斯）尔史诗反映了藏民族发展的重大历史阶段及其社会的基本结构形态，描述了纷繁的民族关系及其逐步走向统一的过程，揭示了社会历史发展的必然趋势。这部史诗不仅是一部优秀的民间文学作

图2-4 《格萨(斯)尔》史诗歌舞剧里的格萨尔王 胡畔 摄

品，也是了解古代藏族社会历史、文化、宗教、生活的一部百科全书。

格萨（斯）尔史诗的基本思想内容是歌颂替天行道、护佑民众的英雄，颂扬正义战胜邪恶、光明战胜黑暗，表达人民群众对自由幸福的理想追求。史诗讲述了格萨尔从天界下凡到岭国，成为黑发藏民之王，为了救赎芸芸众生，戎马一生，降服四方妖魔、扶助弱小，完成使命后返回天国的英雄故事。故事发生在一个充满灾难的时代，天灾人祸遍及雪域，妖魔纵横，人间百姓惨遭祸殃。天界神佛为了拯救苦难中的黎民百姓，派神子觉如到雪域之邦。降临人间的觉如自幼在困苦中长大，历经磨难，在天赐神力和众神的帮助下，少年时期他在以王位和美女珠牡为赌注的部落赛马大会上，战胜了阴险狠毒的叔叔和岭国众将领，从而登上了岭国国王的宝座成为格萨尔王，自此开始他惩恶扬善、造福百姓、征战四方的人生历程。他率领英勇善战的队伍打败了入侵岭国的北方妖魔，战胜了霍尔部落的白帐王、姜国的萨丹王、门国的辛赤王等，先后降伏了几十个地区的部落、城堡和小邦国，最终统一了青藏高原大小150多个部落。

格萨（斯）尔史诗讴歌了格萨尔王为统一邦土、安定人间，一生不畏强暴，不怕艰难险阻，以惊人的毅力和神力降妖伏魔、除暴安良、维护公理、消除苦难、造福百姓的英雄事迹。这是一部在藏、蒙民族中流传了千年的长篇英雄史诗，表达了民众希冀时代发展的愿望，带给民众希望和力量。千百年来，史诗艺人通过传唱格萨（斯）尔，以寓教于乐的方式向民众传播历史文化知识与作教育引导（图2-5），传递伦理价值观以维护社区生活稳定，起到传承民族精神、促进跨文化沟通等作用。格萨（斯）尔在多地区和多民族的传播，既是传承民族文化、凝聚民族精神的重要纽带，也是各民族文化相互交流和相互影响的力证。

图2-5　西藏昌都邦达草原牧民聆听"格萨尔王传"　　图片来源：新华社

格萨（斯）尔史诗的影响渗透到了藏族地区民间民俗、文化艺术等各个领域，成为藏民族传统艺术的母题来源。以格萨（斯）尔为题材的说唱本、藏戏、弹唱、唐卡、塑像、建筑、壁画、石刻及格萨尔神迹遗址等非遗形式遍布藏区，形成独特的格萨（斯）尔文化，并随着城镇化的发展、人口的迁移、民族文化的多媒介和常态化传播而得以更为广泛地传播，让越来越多的人了解到格萨（斯）尔史诗的内容和精神内核，进而更深入地理解民族历史文化传统及其衍生的多形态艺术。格萨（斯）尔史诗从产生至今经历了漫长的1000多年，形成了卷帙浩繁的史诗巨卷，其叙事结构搭建、人物性格塑造、故事情节铺陈、语言文字表述都形成了自己鲜明的特色。

一是宏大开放的叙事结构与活态创作。史诗主体分为天界降生、称王征战和圆满三界返回天国三大部分。这三大部分又分别包含了众多的人物、事件和纷繁复杂的情节。由于在传播过程中受到不同时代的历史文化因素的影响，民间说唱艺人在口耳传唱和寺庙僧侣在记录整理时不断加入各自的所见所闻，史诗的文本体量不断增大，使史诗在民间形成的各种故事的主干不断壮大、枝繁叶茂，形成了活态创作发展的开放性叙事系统，充分体现出藏族人民的智慧和对美好理想的不懈追求。

二是众多人物形象的塑造鲜活丰满、性格各异。作为一部规模宏大的史诗，格萨（斯）尔塑造了数以百计的艺术形象，无论是格萨尔王和他的众多战将、美女仆从，还是妖魔鬼怪和暴君乱臣，每个人物形象都栩栩如生，具有鲜明的艺术个性，深受百姓喜爱。

三是语言朴实生动，具有鲜明的地域特色。格萨（斯）尔史诗是以广大民众集体智慧和审美观念形成的口耳相传的民间文学作品，其语言展现出朴实生动、易记易诵的风格，同时也反映出鲜明的地域特色。总体来看，格萨（斯）尔史诗的语言通俗易懂、平易近人，充满智慧和人生哲理的谚语警句遍布各章节，展现了民间文学简单朴实而寓意深厚的语言魅力。由于史诗说唱传播的需要，还形成了散韵结合、节奏鲜明的特点，让广大受众喜闻乐见。

格萨（斯）尔史诗还演绎出了格萨尔藏戏、格萨尔唐卡等艺术形式，丰富了格萨（斯）尔史诗的多元艺术形式，有利于史诗进一步广泛传播。格萨尔藏戏是格萨（斯）尔史诗在艺术形式上的一个重要表现，它充分保持了史诗本身的语言特色，以唱腔渲染剧情，采用诗性的叙事结构和音乐结构，组合成一种独特的舞台风格。格萨尔唐卡则是另一种艺术形式，它以传统唐卡为基调，以史诗为依据，成就了一种独具风格的绘画艺术形式。由于史诗丰富的叙事故事，格萨尔唐卡具有得天独厚的表现潜力，为造型艺术提供了更加开阔的创作空间。

格萨（斯）尔史诗以其深厚的文化价值、独特的艺术形式和多元的表现手法形成了独特的艺术魅力，并且影响到了其他的民间文学和艺术形式。

三、格萨（斯）尔的保护传承现状

从对格萨（斯）尔现有文献的整理编撰来看，已有藏文格萨（斯）尔原著共241部，其中有较早期的版本156部，现代艺人传唱记录整理本85部[①]；《格萨（斯）尔》藏译汉项目已出版15部[②]（图2-6）；另外，《格萨（斯）尔》还被翻译成蒙语、俄语、德语、法语、英语、日语等多种文字在海外传播。这些文献在格萨（斯）尔史诗的保护传承和传播上发挥了重要作用。

图2-6　《格萨尔》藏译汉丛书　　图片来源：新华社

① 《传统〈格萨尔〉早期版本梳理概况》，藏地阳光新闻网，2016年12月13日。
② 《西藏世界级英雄史诗〈格萨尔〉藏译汉项目已出版15部书籍》，中国新闻网，2019年1月24日。

习近平总书记多次提及《格萨（斯）尔》《玛纳斯》和《江格尔》是中国三部伟大的英雄史诗，这三部伟大史诗不仅为中华民族提供了丰厚滋养，也为世界文明贡献了艺术瑰宝。[①]我国相关部门、藏区地方政府及非遗保护机构为格萨（斯）尔文化的保护传承作出了多方面的努力，在政策支持、学术研究、民间传承、文化传播等多个方面采取了综合措施并取得了显著成效。

西藏地区建立了校地结合的"格萨尔研究协同创新中心"，依托西藏民族大学、西藏大学和自治区社科院等科研院所，加强对格萨（斯）尔史诗文化与藏北羌塘地域文化之间关系的研究，以及对那曲特有格萨（斯）尔文化现象的研究。此外，借助现代语言识别与人工智能等前沿科技研究成果，加快藏语及其方言的语音识别系统研究，有效推进格萨（斯）尔史诗说唱的语音处理和文字记录工作。这些举措推动了多种形式的格萨（斯）尔文化综合数据库建设，实现资源共享，为相关学术研究提供数据和资料支持。

全国相关地区以各种方式传诵格萨（斯）尔。西藏、青海、四川涉藏地区相关部门将格萨（斯）尔说唱纳入当地公共文化服务体系当中，给予政策扶持和资金资助，积极扶持民间格萨（斯）尔史诗传唱者"仲肯"，保护史诗说唱艺术。各地以多元立体的形式将格萨（斯）尔史诗故事呈现给社会大众，通过在博物馆展示格萨（斯）尔史诗卷本，举办格萨尔藏戏表演、民间艺人说唱活动，组织格萨（斯）尔出生地、重要遗址文物的参观活动，促进格萨（斯）尔故事进校园等方式，使格萨（斯）尔文化得到广泛传播，获得了广大群众的喜爱。

利用现代科技拓宽格萨（斯）尔的传播和影响面。随着新兴科技的发展，相关地区文化部门将传统文化与现代科技相结合，拓宽了格萨（斯）尔文化传播的路径。借助微信、短视频、直播等新媒体形式，传统的格萨（斯）尔说唱艺术不再受时间和空间的限制与约束，更全面生动地展现出其鲜明的地域特色。多元高效的传播方式使格萨（斯）尔文化以民众喜闻乐见

---

① 《习近平的文化情缘——历史吟诵》，人民网，2023年2月13日。

的形式活态发展于当代人的生活空间，传播面和影响力进一步扩大。

第三节　彝族克智[①]

克智是彝族民间文学的组成部分，是彝族地区流传甚广，运用场合最多的语诗体口承文学。用文字整理编辑出来的《克智》成为彝族的一部经典著作。"克智"是彝语音译，"克"是口、嘴巴的意思，"智"是移动、搬迁的意思，引申出来是"比赛"之意。彝族克智表演者以幽默风趣的说唱形式把所知道的历史文化知识、古今人物事迹和神话故事讲述给听众，让听众从中得到娱乐和教育。说唱以口头创作演绎、口耳相传为表现传播形式，富有娱乐性、灵活性、韵律感。2008年，彝族克智被列入第二批国家级非物质文化遗产名录。

一、彝族克智产生的历史背景

2000多年前，彝族社会由狩猎时代进入了农耕时代，当时的毕摩宗师提毕乍穆与昊毕实楚围绕祭祀礼仪的改革进行了彝族文化史上著名的口头论辩，结果提毕乍穆的主张得到了大众的认可，成为毕摩仪式的范式，同时也逐渐演变为民间的克智形式。由于战争和自然灾害等原因，彝族在漫长的岁月里大多世居在大山或丛林中，交通极为不便，生活环境封闭，文化教育落后，只能长期沿用比较原始的社会聚会式教育方式，即通过克智在各种场合向普通民众尤其是青少年传授民族的传统文化，宣扬道德规范和生活规则，使他们获得学习民族历史文化知识和各种技能的机会。千百年来，克智论辩在不同时期、不同地方由杰出的论辩手逐步积累与完善，在民众间口耳相传，已成为维系和传承民族历史文化的一种重要载体，成为独具彝族风格的民间文学。1949年后，彝族地区民间开始有人对克智进

[①] 本节部分内容参考了凉山非遗中心、北京非遗保护发展中心和《彝族克智译注》的相关资料。

行搜集整理（图2-7），成为克智文化珍贵的文献资料。

出于追溯本民族的历史，纪念传说中保护百姓的神明和热爱民族的英雄，颂扬祖辈们勤劳创业的事迹，赞美自己的家乡，教育族人和后代以及传播民族文化的需要，彝族中擅长论辩的人担负起了神圣的克智传播使命。克智渗透到了彝族民众生活的方方面面，祭祀神灵与祖先要说虔诚敬畏的克智，出征打仗要说鼓舞人心的克智，生产劳动要赛说庆贺丰收的克智，调解纠纷要辅以形象生动的克智，盖房或乔迁新居要咏诵吉利的克智，娶媳嫁女要赛说喜庆的克智，青年嬉戏要说活泼的克智，客人来访要说欢迎礼貌的克智……逢年过节彝族民众都喜欢以风趣幽默的克智来为节日增光添彩。克智的演说形式不拘一格，有独说、对说、齐说等形式，可提前准备，根据记忆娓娓道来；可即兴表达，触景生情随口而出。在隆重的场合，克智通常与歌酒并呈，以助情趣，充分反映了彝族民众热情好客、真诚豪放的性格。沿袭这样的传统，克智成为彝族民众十分喜爱的一种民间文学，成为他们日常生活的一个重要组成部分。

图2-7　民间克智手搜集整理的克智文本　图片来源：凉山非遗艺术中心

二、彝族克智的思想内容及艺术特色

彝族克智的思想内容丰富，包含了深厚的彝族文化内涵。它所表达的思想内容包括本民族的原始信仰和禁忌、社会历史沿革发展、民族生存环境与民族文化等等，反映了对民族记忆、道德观念、文化价值与人生价值的认同，同时具有轻松娱乐和促进民众相亲和睦、团结友爱、互帮互助等社会功能。

彝族历史悠久，祖祖辈辈传承着本民族早期社会的原始意识，因此克智中有许多涉及自然崇拜、神灵崇拜、图腾崇拜及祖先崇拜等原始宗教内容。这些内容阐述了彝族先民对远古万物的起源与大自然对人类生存影响的认识，表达了他们对大自然的敬畏和崇拜，反映出民族的原始信仰和禁忌。

随着社会的发展和文明的进步，彝族克智的内容逐渐丰富，不仅有早期神话传说的故事内容，还包括了不同时代的历史人物事件，现实社会中的劳动生产、日常生活及乡风习俗。这些内容通过克智的表达与广泛传播，极大地丰富了彝族文化，对民众的教育和娱乐都产生了积极的影响；对增进民族认同、加强民族团结、强化社会稳定具有不可替代的作用；对传承人类文明成果、发展彝族新文化、推进乡村振兴和建设和谐社会也有着重要意义。

在当下彝族地区广泛开展的彝族克智大赛中，克智比赛选手在继承传统克智的思想内容的基础上，结合自己在新时代的亲身经历和深刻感受，将时代变化、经济发展、乡村振兴、移风易俗等内容融入克智，歌颂凉山日新月异的变化，赞美彝家幸福生活，讴歌民族团结。这些活动在传承彝族传统文化的同时，又结合时代特点从内容和形式上进行了丰富和创新，让人们感受到传统文化的独特魅力。

克智作为一种语言艺术和一种独特的文化传播方式，既来源于彝族的传统文化，也来源于彝族丰富多彩的现实生活和民众的心理需要。克智论辩以其古老的文化形式扎根于彝族民间，通过克智论辩手的不断传承和演述，铸就了彝族源远流长的史诗论辩传统，成为彝族古代文明和传统文化知识的核心成果。克智之所以能成为彝族民众喜闻乐见的民间文学，不仅是因为其丰富的思想内容具有继承优良传统、巩固民族记忆和开展伦理教育的深远意义，还在于其独有的艺术感染力。克智的艺术特色主要体现在丰富多彩的表演形式、独特的语言修辞风格和特色的民族文化价值等方面。

遵循的表演规则明确。凉山地区的人们习惯上把克智分为嘎哈（路上方）和嘎几（路下方）两大部分。论辩双方必须赛完路下方的内容，方能进入路上方部分的论辩。述说与论辩内容主要包括克吾（开场白）、克斯（论说）和卡冉（雄辩）、博葩（述源）、略嗬（考问）等基本部分。克吾（开场白）类似于歌曲中的定调，往往开宗明义。克斯（论说）和卡冉（雄辩）形式有说有唱，多以比见识、考才学为主，克斯（论说）多见于婚礼场所，论辩双方必须坐下来以文雅、稳重、幽默、机智的姿态与话语和对方比智慧、比知识，有固定的内容与程序，先说什么后说什么都有规定；而卡冉（雄辩），见于丧葬、送灵场所或其他集会场所，有很强的即兴性与灵活性，可以信手拈来，高谈阔论，只要言之有理即可，主要比赛博学能力与知识积累。博葩（述源）是指论辩入题时对话题对象起源的介绍阐释。略嗬（考问）是指论辩过程设置的互动环节，可以调动听众参与，增强现场气氛。

表演形式丰富多彩。在各种纪念活动、节日聚会、婚嫁庆典、丧葬典礼等不同的场合，克智的表演者在独说、对说、齐说等各种过程中默契配合，主客两方或将烂熟于心的内容一吐为快，或随机应变自由发挥，比见识、比智慧，竞相出彩（图2-8）。克智的表演多在火塘边进行，以火塘为中心，客在上方、主在下方，表演过程大都伴随着饮酒。听众围坐在四周，其中有主人和客人，都密切注视和希望自己的代表获胜。表演者边饮酒边展开克智舌战，听众则屏息静听，论辩到精彩之处，不时赢得听众喝彩。论辩往往通宵达旦，场面十分热烈，男女老少听众数以百计，为各种形式的民众活动增添了浓烈气氛。

语言风格诙谐风趣。克智在言辞上善于铺陈夸饰，用词口语性强，叙述舒展，表情自在随意。在不同场地的各种活动中，克智表演者为了显示自己的口才博识和巧于应变的智力才能，为乡邻亲友排忧解愁，给人带来欢乐，喜欢运用诙谐风趣、夸张逗乐的口吻，以比喻、对偶、顶针、对比、比兴、比拟、双关、排比、反复等多种修辞方式来增加语言的感染力，让听众沉浸在欢乐喜庆之中。

具有独特的民族文化价值。彝族悠久的历史、特殊的地理环境与风俗习惯，以及彝族群众的生存状态和精神理想，为克智的内容打上了深深的民族文化的烙印，使克智成为彝族文化的一个重要组成部分。由彝族广大群众集体智慧创作出来的克智是彝族民间语言艺术中内容最丰富、形式最灵活，知识性、趣味性、娱乐性、竞技性最强的表现形式，是彝族传统文化知识的集中体现。克智生动地再现了早已消失的古代唱诗与口头论辩传统，见证了以诗存史、以诗存俗的民俗传统，对于研究彝族社会文化史、思想史、艺术史等具有重要的价值。

图2-8　克智手正在演述勒俄故事　阿牛史日 摄

三、彝族克智的保护传承现状

彝族克智作为彝族千百年来知识、智慧与经验的结晶，具有较高的民间文学及民族学学术研究价值，对丰富彝族地区人民群众的文化生活、促进彝族地区旅游事业发展具有重要的现实意义。但随着历史变迁和时代发展，承继和传播彝族克智的人才流失严重，彝族克智的发展面临严峻挑战。彝族农村青年打工热潮的席卷蔓延，加之现代化和城市化进程的加速，使彝族克智的保护传承工作显得尤为重要和紧迫。为了有效保护和传承彝族克智，彝族地区的政府及文化部门已经采取了一系列措施。

为了提高彝族民众对克智价值的认识，树立人类文化生存与发展的根与脉的观念，凉山地区积极培养后继优秀克智辩手，加大宣传力度，动员社会力量广泛参与。在高等民族院校相关专业开设彝族克智课程，邀请国家级、省级非物质文化遗产项目代表性传承人进彝族社区、进民族院校开展彝族克智传习讲座，以培养优秀后继克智辩手。凉山彝族自治州已先后在美姑、喜德、越西、普雄、西昌等地以及西昌学院举办了多次克智大赛（图2-9），为培养克智辩手和传播克智发挥了重要作用。

图2-9 彝族克智比赛上的获奖者 阿牛木支 摄

为了加大全面抢救和整体保护克智的力度，凉山彝族自治州建立了克智文化保护实验区，先后成立了"圣乍""义诺""所地"三大克智文化生态保护实验区，让克智在民间持续不断地生根发芽，保存其生动与本真的口头民俗性。凉山地区还专门制定了对非遗传承人的保护举措，给予其相应的经济资助和政策照顾，保证非遗传承后继有人，不让任何一项重要的文化遗产消失。同时，以逐层多级的保护制度全面和整体地保护彝族非物质文化生态。

　　克智不受空间和时间的限制，不需要特定舞台和众多演员，很适合在广大农村特别是边远山区等分散的地方进行表演。克智就地取材，极富民族特色，在丰富和活跃彝族农村文艺生活方面有不可替代的作用和影响深远的意义。克智这种民间口头文学的创作手法层出不穷，不断推陈出新，在新的历史条件下不断被赋予新的内容。继承和发展彝族克智的优秀遗产，并按其形式特点进行新的创作，能为社会主义现代化建设服务，起到鼓舞引导民众进取向上的积极作用。彝族地区和国内其他地区研究克智的专家学者已搜集整理了许多关于彝族克智的资料，并出版了彝语版和汉语版的相关专著（图2-10），对克智的保护传承有着深远的文化意义。

图2-10　克智的彝语和汉语版本　胡畔 摄

人工智能与非遗 ⓦ

请节选《格萨尔》史诗片段，自拟一个故事脚本，用一款人工智能文生视频大模型生成相关视频，并作出评价。

延伸思考题：

1. 中国民间文学在中国历史文化中具有什么样的地位？

2. 禹的传说为什么能够在民间长久地流传？

3. 格萨（斯）尔史诗的意义体现在哪些方面？

4. 克智最具代表性的言说方式及艺术特征有哪些？

5. 中国民间文学种类很多，你最喜欢哪一种，为什么？

第 3 章
传统音乐

　　我国各民族有着悠久灿烂的传统音乐文化，在漫长的历史中形成了独具民族特色的内容和形式，共同构成了中华民族宝贵的音乐财富。川江号子、川西藏族山歌、侗族大歌等许多音乐项目被列入国家级非物质文化遗产名录，得以更好地保护传承。民族传统音乐文化是各民族社会历史文化的重要组成部分，反映了各民族在历史长河中的生产生活方式、思维发展过程，凝聚和展现了各民族独特的精神气质、民俗风情与情感心理，既能再现华夏民族交往交流交融的历史发展过程，表现出各民族的文化共性，又能彰显出各民族极具标识的文化个性，共同构成了多元一体的中华文化。保护传承和发展传统音乐是弘扬中华优秀传统文化，丰富人民群众精神文化生活，增强民族文化自信，提高民族审美品位、精神追求以及激发传统文化的当代创造力的有效途径。

第一节　川江号子

　　川江号子是反映劳动和劳动人民精神面貌的历史纪录，也是一部见证川渝水路流经区域沧桑巨变的文化史诗。川江号子不仅在国内享有盛誉，还曾蜚声世界。1955年，在波兰举行的第五届世界青年联欢节上，川籍歌唱家范裕伦演唱的《川江号子》获得金质奖章，这是中华人民共和国音乐史上获得的第一个世界级金奖。1987年，年逾古稀的老船工、号子头陈帮贵与号子哥蔡德元、程昌福等应法国邀请，以川江号子代表中国长江，参加以"世界大河相会在塞纳河"为主题的法国阿维尼翁民间艺术节，轰动西方乐坛，被法国《世界报》评价为"江河音乐中最为出众的部分"①。因其特殊的民间传统音乐文化内涵和重要的非遗价值，川江号子于2006年被列入国家级非物质文化遗产名录。

一、川江号子产生的历史背景

李白曾叹，蜀道之难，难于上青天！在漫长的历史岁月中，川渝之地四处都是崇山峻岭，陆路交通极不发达，但长江、嘉陵江、岷江等众多江河组成的水系为川蜀民众所利用，他们不惧艰险开辟了水上通路。长江上游从四川宜宾到重庆再到湖北宜昌的1000多公里江段，包括30多条大小支流，历史上称为川江。川江上运送物资的主要是大小木船，还有一些大型木筏。这些交通工具都靠人力推桡拉纤。但由于川江河道崎岖曲折，滩险水急，地理环境异常复杂，舟船木筏在盛水期和枯水期都有许多难行的地段，无论是在船上划桨还是在岸上拉纤，都会因为恶浪险滩而付出艰辛劳动。在险恶的自然环境和简陋的运输条件下，为了振奋人心、克服困难、抗拒风险、提高劳动效率，挣扎在生死线上的船工和纤夫们自发地创作了一种统一动作、协调节奏的号子声，年复一年，逐渐形成了船工和纤夫唱出的原生态川江号子（图3-1、图3-2）。"拉起纤藤，哟！吠！嘿！闯风雨哟，嗨嗨！哪怕路险，哟！吠！嘿！浪也陡哦，嗨嗨！一声号子，哟！吠！嘿……"铿锵有力而节奏鲜明，高亢粗犷、豪气干云的号子成为一代代船工和纤夫奋勇向前的不竭动力。

---

① 潘嘉强：《川江号子》，四川省情网，2018年12月12日。

图3-1　唱着川江号子逆水行舟的船工与纤夫（一）　　图片来源：三峡博物馆

图3-2　唱着川江号子逆水行舟的船工与纤夫（二）　　图片来源：三峡博物馆

　　据有关资料记载，川江号子的产生可以追溯到战国时期，早期一直都以比较单一的号子节奏协调船工纤夫的劳动。从明清时期开始，船工们通过艄翁击鼓为号指挥船行来统一扳桡节奏。大约在清朝中期，逐渐兴起"号子"，产生了专门的"号子头"（领唱号子的船工）。在行船过程中，随着水情的变化，劳动工序的衔接，劳动强度的张弛，船行船停，该快该慢，都由号子头唱腔的变化来调度指挥。号子头就像乐队指挥，要求很高，既要嗓音洪亮、音域宽广、声调高亢，又要熟悉水情和了解两岸风土人情，还要脑筋灵活，擅长即兴创作，见啥唱啥。"脚蹬石块手抓沙，为了糊口和养家；纤藤勒进肉里头，眼泪汪汪往前爬"，这正是川江上船工纤夫生活的真实写照，"川江纤夫是世上少有的吃苦耐劳群体。一个船工一部血泪史，揪心的号子声唱出了船工的辛酸与苦难"[①]。川江号子在千百年的传承和流变中，形成了具有巴蜀语言音韵特色的民间音乐，成为船工纤夫劳动时的重要精神支撑。

二、川江号子的思想内容及艺术特色

川江号子是船工纤夫们与险滩恶水搏斗时用热血和汗水凝铸的生命之歌，其思想内容体现了自古以来川江流域劳动人民面对险恶的自然环境时不屈不挠的抗争精神和不失幽默的性格特征，朴实生动的歌词记载了川江流域民众的生活风貌和精神向往，粗犷豪迈、高亢激越的曲调和一领众和的歌唱形成了丰富的品类曲目，使其成为长江文化的活化石和川江水路运输史上的文化瑰宝。

川江号子体现了船工纤夫们在面对艰难险阻时积极向上的心态，以及他们对自然的敬畏和对生活的热爱，传达了一种勤劳、勇敢、团结、协作的精神。川江号子的唱词充满了浓郁的生活气息。川江流域连接川渝地区的城乡，沿途的社会生活、民情风俗引发船工纤夫的感慨，成为他们持续创作的丰富题材，让号子内容散发着现实人间的烟火味，表达出他们朴实的生活情趣和家国情怀。有专家认为可以将川江号子的唱词内容大致分为三类：一是抒情类，如"今天出门好灵光，看到情妹洗衣裳；找个媒婆把线牵，选个吉日就拜堂；我吃红苕你吃米，你管家务我拉船；把你养得白又胖，跟我生个状元郎"。二是时政类，如"好男当兵上前线，抗日队伍出四川；前方打了大胜仗，写封家信给婆娘；抗战胜利时运转，你我全家就团圆"。三是地方特色类，如"资中妹儿美如花，内江糖果香脆甜，富顺县城出才子，自贡流井产盐巴""泸州有个蓝田坝，最好吃是猪儿粑；合江荔

---

① 潘嘉强：《川江号子》，四川省情网，2018年12月12日。

枝大又圆，豆花饭香价又廉；朝天门是重庆港，嘉陵江水汇长江"等等。[①]
实际上川江号子还有更为丰富的内容，特别是那些没有进入文献记载的即
兴吼唱和随时变换的唱词难以计数。

在现代社会，川江号子仍然具有重要的意义和作用。它是川渝文化的
重要组成部分，对于人们认识川江劳动人民的历史生活和川江航运的巨大
变化，对于传承和弘扬中华优秀传统文化都具有重要意义。

川江号子在千百年的传承中，形成了一种由号工领唱，众船工纤夫帮
腔、合唱的"一领众和式"的民间歌唱形式。川江号子的品类曲目丰富、
曲调高亢激越，有独特的题材内容和艺术特色。

川江号子的唱词极为丰富多彩。在传统的上水号子和下水号子基础上，
随着江河航运事业的发展，川江号子逐步形成了包括大河号子、小河号子，
上滩号子、下滩号子，竖桅号子、起帆号子，拉纤号子、闯滩号子、拼命
号子等数十种类别和数以千计的曲目。在长期传唱中，又吸收了川剧、竹
琴、扬琴、金钱板等地方音乐艺术的元素，以及民间传说和戏文故事等内
容。从过去内容简单的上水号子和下水号子发展到种类繁多的各种号子。
不同时期的号子除了内容上有所不同，所有的旋律都节奏明快，音色高昂
浑厚，形成铿锵有力、雄壮激越的优美唱腔，极具川江船工纤夫劳动生活
和精神世界的鲜明特色。

川江号子还融入并发展出其他艺术形式。川江号子的民间舞蹈在表达
方式上保留了其原有的独特唱腔风格，加入了其他民间音乐元素，使用具
有地方特色的道具，如竹篙、船桨等，将船工纤夫不畏艰险征服惊涛骇浪
的形象编成舞蹈动作和情节，更生动地展现出川江号子的精神风貌和文化
内涵，形成了一种题材和风格独特的民间舞蹈（图3-3）。当代诗人也对川
江号子作了诗意的呈现。现代诗人蔡其矫创作的诗歌《川江号子》，是对川
江号子进行的再创作。该诗围绕川江号子这一核心意象，用饱含深情的语
言对川江船工纤夫的悲壮历史进行生动的描绘，跨越时空为读者延展出一
幅川江搏浪图，试图将读者带入川江汉子为求得生存而与大自然英勇抗争

---

① 潘嘉强：《川江号子》，四川省情网，2018年12月12日。

的，交织着野性、蒙昧与激情的历史。诗人相信，川江搏浪这种透露着原始欲望的悲壮行为终将成为过去，新的时代必然会带来新的生机与活力，会为川江汉子的不屈精神注入新的内涵。①

川江号子是我国民间音乐的重要组成部分，它的思想内容及艺术特色体现在其深厚的历史文化价值上。从传统的川江号子到以川江号子为题材的当代民间舞蹈以及当代诗歌等艺术形式的演变，体现了川江号子在艺术形式和内容上的发展，使川江号子成为一种具有地方特色的艺术表现形式，丰富了我国民间音乐文化的艺术宝库。随着现代社会人民群众精神文化生活需求的变化，川江号子还成为当地旅游文化的重要载体，吸引着大量游客前来感受川渝文化的魅力。

图3-3　川江号子舞剧剧照　图片来源：新华社

① 袁勇麟、冯汝常主编：《文学欣赏与创作（第2版）》：四川大学出版社，2016年，第228页。

三、川江号子的保护传承现状

随着时代的发展和机动铁船的普及，靠人工掌握的舟船和木筏只能在一些干流河湾和支流小河中运行，加上三峡水利工程的兴建和现代化航运技术的普及，以人工为动力的传统运输模式逐渐消亡，川江号子赖以生存的环境发生巨大变化。同时，由于时代价值观念与文化潮流的变化，川江号子还面临着传承人和受众群体减少的危机。新时期以来，川江号子的传承面临着后继乏人的窘况，现今能够吟唱川江号子的老人越来越少，而年轻一代对川江号子缺乏了解和兴趣，导致川江号子的保护传承面临多重挑战。但随着2006年川江号子被列入国家级非物质文化遗产名录后，其保护传承工作得到了川渝两地相关部门的重视。

川江沿岸的各省市已经出台了一系列举措来保护和发展川江号子这一非物质文化遗产。例如，重庆市正在完善非物质文化遗产保护的责任机制，将川江号子列为重点保护对象，建立了川江号子保护区，对川江号子的历史、现状、发展、规划进行科学研究，全面搜集、整理川江号子，形成市、区县、乡镇三级保护体系；湖北省则通过申报"峡江船工号子"和引入市场机制来具体有效地保护川江号子。

社会民间机构力量也积极参与川江号子的抢救保护。重庆市成立了民间社团性质的川江号子学会和川江号子艺术团，他们对川江号子的保护、传承功不可没。2008年北京奥运会，川江号子从朝天门唱到天安门。2010年上海世博会，川江号子从长江头唱到长江尾。重庆艺术团将川江号子改编成舞蹈，于2020年12月10日在世界大河歌会上表演了情景舞蹈《川江号子》。[①]由老船工艺术团演绎的川江号子大型互动情景体验剧《大江传歌》多次上演。川江号子非遗传承人曹光裕还走进校园演唱传播，选拔学员排练川江号子节目，4次到北京演出，获得全国蒲公英大赛金奖。对川江号子非遗的保护传承，让更多人了解和认识川江号子等传统文化的价值和意义。一些研究地方文化和传统音乐的专家学者搜集整理了不少关于川江号子的

---

① 《纤夫远去号子悠——从劳动号令到国家非遗的川江号子》，新华网，2020年12月18日。

资料，出版了川江号子的有关专著（图3-4），对川江号子的保护传承产生了更深远的文化意义。川江号子的保护传承虽然面临诸多挑战，但通过政府和社会各界的共同努力已经取得了积极的进展。

图3-4 川江号子整理文献 胡畔 摄

第二节 南坪曲子

南坪曲子是一份珍贵的民间文化遗产，具有独特的文化生态价值。南坪曲子展现了川西北高原地区丰富的文化特色，形象生动地反映了各族人民在各历史时期的生活、生产、民风、民俗和愿望，承载着丰富的历史地理、时代变迁、社会现实以及民族文化等信息，对研究当地民族史和音乐史以及当地的历史文化、社会状况等具有重要参考价值。南坪曲子的内容丰富，涵盖了爱情、农耕、历史传说等多种题材；表现形式和伴奏乐器也有别于国内其他民间音乐，具有鲜明的地域特色和独特的艺术风格。2008年，四川省九寨沟县申报的南坪曲子被列入我国第二批国家级非物质文化遗产名录。

一、南坪曲子的发展历程

南坪县（现九寨沟县），位于青藏高原东部边缘，地处四川省阿坝州东北部，与甘肃省交界，属于汉族、藏族、羌族、回族多民族杂居区。据史料记载，清朝雍正、嘉庆年间，陕、甘移民迁入，甘肃人带来了"花调"，陕西人带来了"背工调"，使南方与北方之间及多民族之间的文化相互交融，形成了具有地方性特色的南坪曲子。在近200年的衍移融流中，南坪曲子与川北等地民歌相结合，同时吸收当地藏族、回族、汉族的民间音乐元素，最终发展成中国曲艺音乐中的一个独立曲种。[1]南坪曲子从自弹自唱逐渐发展为包括独唱、对唱、一领众和、齐唱等在内的多种演唱形式，从单一的土琵琶伴奏发展到用生活器皿伴奏，从而更适合在各种生活场景中演奏，歌词内容上涵盖了爱情生活、农耕生活、历史传说等丰富题材。[2]这些因素使南坪曲子深受当地民众喜爱，成为当地人民生活中不可缺少的部分，在农村尤为盛行。在婚嫁、节日和各种重要庆典时，乡亲们欢聚一堂，弹起三弦琵琶，敲起瓷碟、碰铃，群弹群唱，引吭高歌，共同沉浸在欢乐喜庆的热烈氛围中（图3-5）。

图3-5　南坪曲子演奏　图片来源：国际在线

在长期演唱南坪曲子的活动中，涌现出一批远近闻名的艺人，他们把南坪曲子从阿坝州唱到了外地。1953年开始，他们演奏的"采花"曲目曾一度流行全国。20世纪60年代起，成都、重庆、自贡等地的曲艺团队，以"南坪花调"为素材创作和编演了一批弹唱节目，使南坪曲子的流布范围进

①②　《南坪曲子》，九寨沟县人民政府网，2024年3月12日。

一步扩大。80年代，著名歌唱家朱明瑛演唱《采花调》，"采花"再次流传全国。进入90年代，南坪小调多次在中央电视台播出，在全国范围内引起了更大的反响。21世纪以来，南坪小调继续活跃在当地的文化活动中，为丰富群众精神生活、建设城乡文化增添了新的光彩。

二、南坪曲子的思想内容及艺术特色

南坪曲子包含了丰富的内容，可分为爱情婚姻、生产劳动与日常生活、历史传说故事三大类。爱情婚姻类主要是讲述男女恋爱、婚嫁及悲欢离合的题材，普遍传唱的有《情歌》《送郎》《绣荷包》《二姑娘》《进兰房》《月儿落西下》等。生产劳动和日常生活类主要是反映各种劳动感受和生活中的亲情伦理，主要有《庄稼曲》《摘花椒》《摘葡萄》《回娘家》《放风筝》《劝世文》《十劝》《骨碌子耍钱》等。历史传说类主要是从各种神话、民间故事和历史传说中编选的内容，有《孟姜女哭长城》《老爷挑袍》《伯牙碎琴》《孔子哭颜回》等。这类曲子多为叙事性民歌，是南坪曲子当中的重点内容。另外，还有一些短小的抒情小调，如《采花》《木莲花》等，用于表达心中的闲情雅兴。

南坪曲子的表演形式与音乐伴奏也形成了独特的艺术特色。流行于南坪及周边地区的曲子原名"南坪小调"，当地人长期称其为"曲子"。"曲子"用当地的方言进行演唱，唱词语音有着鲜明的地域特色，除少数有固定的唱本外，多数是流传于民间的口头文学。演唱形式主要分为"花调"和"背工调"两种。至今已搜集到52首"花调"、9首17调"背工调"，其他散落民间的不计其数。代表作品包括《采花》《织手巾》《绣荷包》《十写》《劝世文》《十送》《茉莉花》《十现灯》《大十二将》《小十二将》《伯牙碎琴》《月儿落西下》等[1]。

与其他民间音乐不同，南坪曲子根据曲调结构和演唱风格可分为"花曲子"和"背工曲子"[2]两部分，其中"花曲子"为短小精练的抒情性民

---

[1] 《四川九寨沟：千把琵琶同台竞技创吉尼斯世界纪录》，中国新闻网，2015年9月28日。
[2] 《南坪曲子》，九寨沟县人民政府网，2024年3月12日。

歌，具有分节歌形式，包括独唱、对唱、一领众和、齐唱等表现方式，节奏规整而丰富多变，旋律酣畅流利，多为五声性，表现力强；"背工曲子"则主要是演唱短、中篇故事的叙事性民歌，包括单曲体和联曲体两种结构，歌唱形式相对单一，主要有独唱和齐唱两种方式。

南坪曲子采用弹唱的形式，过去一般是由一人主唱，另有多人分执不同乐器列坐周围，按照不同的行当轮递配合说唱；现在的演出形式更加多样，有两人对唱、多人轮唱、集体齐唱等。演唱时以南坪土琵琶为主要伴奏乐器（图3-6），常配以瓷碟、碰铃等打击乐器。这种形式不仅展现了南坪曲子独特的艺术魅力，也体现了与当地文化的高度融合。

图3-6　南坪土琵琶　图片来源：搜狐网

三、南坪曲子的保护传承现状

作为国家级非遗的南坪曲子虽然具有重要的保护传承价值，但随着传承人的锐减和当地民众特别是青少年文化观念与审美取向的变化，其传承与传播受到了较大的影响。地方政府为了保护传承南坪曲子这项民族文化遗产，做了大量的宣传工作并采取了积极的措施。

南坪地区在非遗保护规划中将南坪曲子作为重点保护对象，建立了专门的档案和数据库记录和保存南坪曲子的相关资料和曲目，确保其文化价值的传承。20世纪50年代初，阿坝地区的音乐工作者开始对南坪曲子进行搜集整理，并于1953年出版《南坪民歌》一集（赵棋、黄银善等编），收录了20余支南坪曲子。在此基础上，当地政府和有关部门在2015年编选了《采花——南坪曲子集》17册，同时还制作了口述历史光碟《南坪曲子》分发到各级机关单位组织宣传教育，让广大群众学习南坪曲子的演奏技巧和音乐知识。通过开展南坪曲子的演出比赛、音乐节等活动，调动群众参与保护南坪曲子的积极性，让南坪曲子持续保持影响力。2015年当地举办了史上最大规模的"2015人琵琶弹唱"，2015人怀抱琵琶同声共唱国家级非物质文化遗产南坪曲子《采花》小调，成功创造了琵琶同台弹唱《采花》小调吉尼斯世界纪录（图3-7）。[①]在国内民间音乐比赛中，南坪曲子还曾多次获得国家级和省级音乐艺术奖项和荣誉。由于政府的大力扶持和群众的广泛参与，南坪曲子的保护传承工作取得了显著成效。

图3-7　千把琵琶同台演奏南坪曲子创吉尼斯世界纪录现场　刘彦荣　摄

---

① 《四川九寨沟：千把琵琶同台竞技创吉尼斯世界纪录》，中国新闻网，2015年9月28日。

第三节　川西藏族山歌[1]

　　川西藏族山歌产生并流传于四川省甘孜藏族自治州的炉霍县等地以及阿坝藏族羌族自治州的马尔康、金川等地，是在藏族人民长期的生产劳动中形成和发展起来的，至今已有上千年的历史。川西藏族山歌曲调清新、节奏自由、音域宽广、音程起伏较大，有"云的飘逸，风的潇洒"之评。人们称之为"康巴昂叠"，意为康巴华彩性的山歌；又称"康巴昂任"，意为康巴长调。川西藏族山歌反映了当地独特的地域文化特征、生产生活方式、民族风俗习惯和心理精神气质，具有浓郁的生活气息和重要的民族学研究价值。2008年，四川省甘孜藏族自治州、阿坝藏族羌族自治州、炉霍县联合申报的藏族民歌（川西藏族山歌）被列入第二批国家级非物质文化遗产名录。

一、川西藏族山歌的发展历程

　　川西藏族先辈世世代代在甘孜州和阿坝州地区繁衍生息，辽阔草原、高山峡谷和坡地河滩的生活环境孕育着他们的原始信仰、情感欲望、生产劳动、社会生活及民众理想，成为他们创作山歌的深厚土壤。据史料记载和民间艺人口述，早在公元8世纪以前就出现了名为"鲁"的民歌体裁，这就是藏族山歌的初期形态。藏族山歌在藏语中称为"拉鲁"（laglu）或"鲁"（glu），是一种纯民歌形式，可以由歌者根据情绪状态而即兴发挥。"由于草场的限制，他们不是群体生活，而是零星分散。一个草坝一条山沟，一户或几户人牧放着各自的畜群，夏天分散，冬天集中。全年除了部落首领组办的一年一度的赛马会外，人们是很难相聚在一起的，所以他们的娱乐生活也就有它独特的方式。"[2]在单调的文化生活中，自由自在地在

---

　　[1] 本节部分内容参考了甘孜、阿坝、凉山非遗中心的相关资料。

　　[2]《绚丽多彩的国家级非遗名录（川西藏族山歌）》，阿坝藏族羌族自治州地方志办公室，2018年8月20日。

野外唱山歌成为当地民众最喜爱的娱乐形式。在漫长的历史进程中，在特殊的自然地理、民族文化、宗教心理以及审美观念等因素的影响下，川西藏族山歌形成了独特的民族风格。

川西藏族山歌从产生至今，内容和形式基本稳定，主要歌唱承载藏族生存的自然地理环境、社会历史变迁中的生产生活方式，表现民众的思想情感和精神世界，朴实真挚，生活气息浓郁，极富艺术感染力。川西藏族山歌以歌舞相伴的形式代代相传，不断被注入新的时代内涵，但不变的是对中华优秀传统文化的承继和弘扬，对祖国和故乡的热爱以及对美好生活的赞颂和追求（图3-8）。

图3-8　赞美故乡和美好生活的川西藏族山歌　图片来源：四川文旅网

二、川西藏族山歌的思想内容及艺术特色

川西藏族山歌是藏族人民在劳动、节日庆典和日常生活中，为了缓解疲劳、娱乐身心、营造氛围、抒发感情、沟通交流及寓教于乐，形成的具有独特的文化特色、地域特色和艺术风格的传统歌曲。它承载着区域历史变迁、自然风光、风土人情和民众生活习性与精神风貌，具有影响民族文化发展的重要作用和独特的艺术审美价值，成为藏族文化的重要组成部分，为民俗学和民族学研究提供了重要的依据。

川西藏族山歌的类型主要有祭祀歌、劳动歌、爱情歌、风俗歌等。劳动歌最为丰富，耕耘、播种、收割等不同的劳动活动都有相应的表现歌曲，歌唱形式包括独唱、对唱和集会演唱（图3-9）。爱情歌包括情歌和请茶歌，主要表达对恋爱和婚姻的向往，感情抒发热烈奔放。风俗歌则包括酒歌、猜情对歌、婚礼歌、箭歌、告别歌等。不同生产劳动方式的藏区有不同题材的山歌，在牧区有牧歌、割草歌、挤奶歌、赶毡歌，在农区有耕地歌、割麦歌、背柴歌、锄草歌、打墙歌等。各类山歌的代表曲目有《扎西学哆》《岗珠歌曲》《打墙歌》《尕尔觉忠则》《达尔尕仁》《达尔尕底》《斯宁干秦郎》《情歌》《吉祥歌》《孔雀戏水》《莫雅切桶》等。随着历史的发展，山歌越来越丰富，人们将旋律优美的曲调保存下来，广为传唱。

作为传统民歌的川西藏族山歌，通过世世代代的积累和口耳相传而逐渐丰富。它一般是以歌舞相伴的形式表现，采用比兴手法，语言风趣生动，接近口语，常使用谚语、歇后语，生动刻画人们生活中的事物、思想、理念和精神追求。唱腔自由，旋律优美跌宕，凸显川西藏地各区域民族特色，具有强烈的艺术感染力。藏族山歌常以拉弦乐器牛角胡、根卡，弹弦乐器扎木聂（六弦琴）等伴奏，声音悠长悦耳。

川西藏族山歌具有特殊的音乐结构与节奏。歌词多为三段，前两段常采用比拟手法，直到第三段才点出主题。唱腔具有自由、高亢、婉转、跌宕的特点。旋律结构采用分节歌的形式，一般以上下两个乐句或两至三个乐句构成乐段，第二乐句在演唱中不断重复或变化重复。常见的调式为羽、商、徵调式，旋律均为五声音阶。除了节奏较强的《格萨尔》《叙事歌》《讽刺歌》，旋律一般没有固定音区，也很少有调式上的转换和变化，不像其他民歌音高渐进转换。[1]从节奏上来看，藏族民歌一般是一口气唱完一个乐句，开始第一个音乐时值很长，尾音时值也很长；句中音符的连音多，一个乐句内的音符几乎都是连贯的，九连音甚至二十五连音都有，三连音、五连音更是普遍；装饰音、依音、颤音多，但这三种音并不是都要同时或完全体现，而是根据演唱者的性别、年龄及技巧而定，可多可少。[2]整体看

---

① 《听那些在甘孜上空飘扬的悠扬旋律》，藏人文化网，2023年4月13日。

② 《绚丽多彩的国家级非遗名录（川西藏族山歌）》，阿坝藏族羌族自治州地方志办公室，2018年8月20日。

来，川西藏族山歌音域宽广、唱腔悠然，与自然环境相谐，充满对生活的热望和豪情，感染力很强。

图3-9 川西藏族山歌群众集会演唱 喻林斌 摄

三、川西藏族山歌的保护传承现状

川西藏族山歌以口头创作和口耳相传的形式代代相传，过去一直是以自发的方式在民间传承。这种具有川西藏族地域和人文特色的民歌，虽然有其重要的历史文化和音乐内涵，但传播影响面并不广。被列入国家级非物质文化遗产名录以后，川西藏族山歌的保护传承条件得到了很大改善。

当地政府召开了国家级非物质文化遗产"藏族山歌"的保护与推广项目研究会，探索推进传统与现代更好融合的藏族民歌保护传承和传播方式，为制定保护传承规划和相关措施进行了科学论证。此后在政府有关部门的批准下成立了专门的保护部门。2023年10月31日，《国家级非物质文化遗产代表性项目保护单位名单》重新认定川西藏族山歌的保护单位为阿坝藏族羌族自治州文化馆（阿坝藏族羌族自治州美术馆、阿坝州非物质文化遗产中心）、炉霍县文化馆（炉霍县非物质文化遗产保护中心）。这些保护单位对川西藏族山歌进行了全面的搜集整理，对山歌传承人（图3-10）的演出活动给予了大力的支持，并组织他们举办各种培训班培养出了一批批新的传人。

随着川西藏族地区文旅产业的打造、社会各界的介入，川西藏族山歌逐渐以现代演绎方式进入城市生活场景。2020年10月，在成都少城视井文创产业园举办了"川西行走之声"藏族民歌（川西藏族山歌）大赛总决赛。2021年12月，在第二届"川西行走之声"川西藏族山歌川甘青邀请赛暨非遗音乐会上，川西藏族山歌唱响现代都市。音乐会上的山歌演绎既保留了原生态的唱腔曲调，又体现了时代特色，让人们感叹藏族传统民歌文化的丰厚底蕴和强烈的艺术感染力。除川西藏族山歌以外，音乐会还汇集了民族乐器、服饰、舞蹈等30多种非遗项目，比如展示了阿尔麦多声部民歌、龙头琴等。通过在藏族山歌流行区域和外地城市举办各种非遗音乐会，推进了山歌的传承、传播和创造性发展。①随着城镇化、城乡一体化的推进，川西藏族山歌从原始的文化生态环境逐渐进入广阔的现代城市空间，不断发展出新的内容和形式，与时俱进满足当代人的审美诉求，得以更广泛、深远地流传开来。

图3-10　川西藏族山歌传承人在弹奏演唱　图片来源：四川文旅网

---

① 《"川西行走之声"川西藏族山歌大赛暨非遗音乐会圆满落幕 藏族山歌未来可期》，四川在线，2020年10月13日。

第四节　侗族大歌

侗族大歌是流传在中国侗族地区的一种古老的民间歌唱艺术，由原始宗教歌、宗教仪式歌、歌舞音乐、民歌等四部分组成。流行的区域包括贵州省黔东南地区的黎平、从江、榕江三县侗族聚居区和广西壮族自治区三江侗族自治县。侗族大歌是侗族地区一种多声部、无指挥、无伴奏、自然和声的民间合唱形式，最早的唱词见于《诗经》，是侗族文化的重要组成部分，与侗族的鼓楼、花桥等文化元素一样，是侗族文化的象征。侗族大歌被称为"天籁之音"，是一种以歌抒情的艺术形式，是侗乡最具民族特色和最高艺术水准的民歌艺术。1986年，侗族大歌在法国巴黎金秋艺术节上引起轰动，被誉为"清泉般闪光的音乐，掠过古梦边缘的旋律"，表演团队先后两次随国家领导人出访。[①]侗族大歌于2006年被列入第一批国家级非物质文化遗产名录，并于2009年被联合国教科文组织列入人类非物质文化遗产代表作名录。

一、侗族大歌的发展历程

侗族是中国南方的一个古老的民族。学界通常认为侗族是古代百越的一支。侗族虽然缺乏文献记载，但有本民族的语言。侗族先民主要从事农业生产活动，在长期的生产实践中不仅创造了自己的语言，还创造了丰富多彩的民间艺术，其中包括侗族大歌。侗族大歌起源于春秋战国时期，至今已有2500多年的历史。据《贵州通志》记载，黎平、从江、榕江一带，自古无文字，语言以侗话为主，其语言与古越人接近。西汉刘向的《越人歌》的声韵和格调为侗族大歌的产生奠定了基础。

侗族大歌的发展与侗族居住鼓楼、热情好客的风俗习惯及其独特的语言等因素有着密切联系。在南朝时期，侗族大歌初步发展。至宋代，侗族

---

① 《传递民族精神 留存民族瑰宝》，《人民日报（海外版）》，2017年6月26日，第07版。

大歌已经发展到了比较成熟的阶段，宋人陆游在其所著《老学庵笔记》中载："辰、沅、靖等蛮、仡伶农隙时，至一二百人为曹，手相握而歌。"其中关于"仡伶"集体做客唱歌的记载，是迄今关于侗族大歌最早的文献记载。至明代，侗族大歌在侗族部分地区盛行。至清代流行更甚，光绪年间的《凝秀庵记》记载："前者唱于而随者唱喁，连袂而歌，于蔫喁如众乐，皆作八音备，举合材中，无一非能鸣者焉，彼天地间亦何尝有寂境耶。"这里的"于"和"喁"是高低音相和之意，现在被侗族人称为"嘎老"，"嘎"在侗语中是"歌"的意思，"老"在侗语中是宏大而古老的意思。①

直至20世纪50年代初期，侗族社会一直处于封闭的、自给自足的小农经济状态，交通闭塞，商品经济观念淡薄，教育落后，因此侗族大歌以口传心授的方式在民间世代流传。侗族大歌的传承形式主要是家族传承，传承载体是大歌歌队，传承的核心为歌师、歌头。歌师、歌头、歌队三者的存在状况及水平高低直接决定了侗族大歌的存在状况与水平高低。侗族孩子四五岁时就入歌班学唱大歌，除了生产劳动，大部分时间都在歌师的教育下成长。正是侗族自古及今小孩学歌、青年唱歌、老年教歌的传统，使侗族大歌这一独特的文化形式得以传承。侗族民众认为读不读书没有关系，但不学歌就不行，因而有"用歌替书"之说。他们以"会唱歌""会歌多"为荣，谁唱的歌越多、越好，谁就能受到人们的尊敬。

20世纪50年代初期，黎平岩洞侗族歌手吴培信代表侗族出访苏联，第一次将侗族大歌带出国门。50年代后期，音乐家肖家驹、郭可谞等发现了侗族大歌，他们组织音乐工作者深入黎平县侗族山区搜集发掘、记录整理侗族大歌。从此，侗族大歌由大山深处走向世界。21世纪以来，侗族大歌作为著名非遗项目受到当地政府的重视。当地政府采取了多种保护传承措施，使其成为一种长期开展的特色文化活动，规模和影响不断扩大（图3-11）。

---

① 《侗族大歌：自然天成的东方和声》，光明网，2023年11月26日。

图3-11 在黎平县肇兴侗寨的田园中演唱侗族大歌 图片来源：新华社

二、侗族大歌的思想内容及艺术特色

侗族大歌的思想内容包括了对历史传说、英雄人物、祭祀礼仪、生产劳动、婚姻恋爱、劝事说理、咏唱风物等的感受和认知，体现了侗族与自然和谐相处的生存愿望，崇尚英雄、敢于斗争的精神，热爱生活、勤劳朴实的心态以及对美好爱情婚姻的追求与向往。侗族大歌是维系侗族社会生存的重要精神支柱，也是了解侗族社会结构、婚恋关系、文化传承和精神生活的重要依据，其演唱方式、音乐特色、歌的名称、衬词特点等体现了鲜明浓郁的民族特色和地域特色，具有深厚的文化底蕴和历史价值。

侗族大歌作为一种在特殊地域和特殊人群中使用的民间歌种，与地方文化和谐共生，表现出强烈的民族性、地方性和功能性特征。侗族大歌根据不同的歌词内容可分为鼓楼大歌、声音大歌、叙事大歌、童声大歌、戏曲大歌、礼俗大歌、混声大歌等7种类型。鼓楼大歌在侗语中称为"嘎得楼"，是用于迎接宾客时在鼓楼里演唱的大歌，由主客男女双方歌队对歌，内容以情歌、叙事歌为主。声音大歌在侗语中称为"嘎唆""嘎套唆"，多模仿自然界的声响，如流水、鸟鸣、蝉声等。叙事大歌在侗语中称为"嘎君""嘎啥"，由歌队出寨走客，应主人邀请而演唱，多以神话故事、英雄传说、历史掌故为歌词。童声大歌在侗语中称为"嘎腊温"，由儿童演唱，内容多为儿童的游戏及知识。戏曲大歌在侗语中称为"嘎瓦"，即群众歌，内容多为表达群众心愿向往，在侗戏开场前或收场时合唱，气氛热烈。礼俗大歌在侗语中称为"嘎耶"，每年正月初二祭祖母堂时演唱，内容多为纪念先人事迹，表达缅怀歌颂之情。混声大歌在侗语中称"嘎老"，是指男女混声合唱的演唱形式，歌词内容多歌颂生活、赞美自然，情感浓郁又大气磅礴。侗族大歌的代表作有《珠郎娘美》《莽岁流美》《元东》《蝉之歌》《大山真美好》《装呆傻》《松鼠歌》《三月歌》《耶老歌》《嘎高胜》《嘎音也》《嘎戏》等。

侗族大歌在技巧应用和技术才能上都独具特色。与众多中外民间口传音乐传统相比较，侗族大歌在多声形态、合唱技艺及文化内涵等方面都独树一帜。侗族大歌不仅表演种类丰富，音乐艺术也具有鲜明的特色，主要表现在演唱时无伴奏、无指挥，旋律变化多样、节奏鲜明，唱腔婉转动听，和声优美动人。大歌的歌词简洁明快，语言自然、生动、押韵，反映了侗族人民的聪明智慧。大歌的曲式结构复杂，包括独唱、对唱、多声部合唱等，具有完整的三段式特征——每首大歌均由三部分组成，分成歌头、歌身、歌尾，歌头与歌尾相互照应，将歌身镶在中间。歌者可以根据自己的心情和情感进行即兴变化，为侗族大歌增添了丰富多变的艺术魅力。侗族大歌的重要特征是在没有指挥的情况下两个声部协作演唱，注重对自然声音的模仿和提炼，在长期的实践中形成一套特有的语词与声音表现方式，低声部的持续音像流水一样持续不断，高声部就像溪岸边的蝉鸣此起彼伏；大歌整体"九度音域"的文化意义显现为侗族的"全民歌唱"和经常歌唱。[1]在传承方式上，侗族大歌主要依靠侗族人民的口头传统，通过师徒传授、亲友教唱等方式进行（图3-12）。传承者通常是经过专门培训的有才艺的人，他们通过口耳相传的方式将侗族大歌传承下来，保护和弘扬了这一珍贵的文化遗产。

图3-12　侗族大歌传承人在给儿童教歌　杨光黔 摄

---

[1] 杨军昌、李小毛、杨蕴希：《黔东南苗族侗族自治州卷》，北京：知识产权出版社，2018年，第32-36页。

三、侗族大歌的保护传承现状

侗族大歌作为一项具有2500多年历史的传统艺术形式，在不同时代都受到当地广大民众的喜爱，这一表演形式得到了延续，歌词内容也随着时代发展在不断地丰富。在传统侗族社会中，侗族大歌是侗族乡村社会最为盛大的娱乐活动，但随着流行文化的冲击，侗族大歌从最重要的娱乐方式变为众多娱乐方式中的一种。由于许多歌手、歌师年事已高，侗族大歌传承面临后继无人的危机。此外，由于侗族大歌演唱的自然场域消逝和礼乐功能的衰减，外出打工的侗家青年增多，侗族大歌的生存环境和条件出现了很大的变化。受这些因素影响，侗族大歌在传承规模与传承方式方面也发生了变化，从家庭传承到师徒传承，歌班数量减少、歌师承接断层，导致唱侗族大歌的人、时间和唱歌的数量都相应减少。

为了改善新时期侗族大歌面临的困境，使侗族大歌这项国家级非物质文化遗产得到更好的保护和传承，当地政府和文化部门因地制宜制定了保护规划，采取了积极有效的措施。例如，建立非遗专门机构，落实专项经费，鼓励侗族民众传承发展侗族大歌；为了解决侗族大歌传承的关键问题，开展专门的培训班提升歌师写作、演唱水平；邀请侗族大歌传承人到街道社区、乡镇村落以及中小学普及侗族大歌；鼓励侗族大歌爱好者进行演习，不断培养新的传承者；同时，还举办了大歌节、民歌大赛、旅游节的大歌演出等重大活动，借助互联网、新媒体平台传唱侗族大歌，扩大侗族大歌的影响。

通过政府和社区的共同努力、年轻人的积极参与，以及保护传承方式的不断创新，侗族大歌的传承活动日渐活跃起来，歌词内容随着时代发展不断丰富，规模也随着社会经济发展和精神文明进步而逐渐扩大。近年来，在侗族大歌流行区域连续举办了成千上万人规模的群众性大歌演唱活动（图3-13），被国家主流媒体广泛报道，在国内外引起了强烈的反响。侗族大歌有望继续保持其活力和影响力，在全世界的非物质文化遗产中绽放出新的时代光彩。

图3-13　小黄村千人唱侗族大歌庆祝申遗成功　张成文　摄

人工智能与非遗 ⬇

　　请以一项传统音乐类非遗为例，利用人工智能音乐创作工具，在其歌词内容和曲调风格中融入当代元素，并评价通过人工智能实现的创造性艺术效果。

延伸思考题:

1. 中国传统音乐在中国音乐史上有什么样的地位?

2. 川江号子作为非遗,其传承的最大困难是什么?

3. 南坪曲子的艺术特点体现在哪些方面?

4. 川西藏族山歌与汉族山歌的题材和演唱形式有哪些不同?

5. 侗族大歌传承到今天,为什么规模越来越大?

6. 你最喜欢的中国传统音乐是哪一种,为什么?

第 **4** 章
传统舞蹈

传统舞蹈是表现一个民族或地区的文化传统、生活习俗及人们精神风貌的群众性舞蹈。这类舞蹈起源于人类劳动生活，是由人民群众自创自演的草根舞蹈。各地传统舞蹈形式各具民族及地方特色，表现的内容丰富多彩，既有古代社会的图腾信仰、生产生活、战争经历及民情风俗，也有现代生活中人们表达欢喜之情和艺术追求的各种娱乐活动。传统舞蹈具有鲜明的民族风格、浓郁的地方特色，能跨越国家和地区，能促进世界人民心灵相通，因此是最社会化、最国际化的舞蹈。中国的传统舞蹈历史悠久、题材多样、内容丰富、形式多元，种类之多是世界上少有的。中国传统舞蹈可分为传统民间舞蹈和现代民间舞蹈，本章所述是中国西南地区有代表性的传统民间舞蹈。这些传统舞蹈在世代相传的过程中一直深受广大民众喜爱。

第一节　泸州雨坛彩龙

舞龙是一种历史悠久的中国传统舞蹈形式，民间又叫"耍龙""耍龙灯"或"舞龙灯"。这种特殊的舞蹈形式在全国各地和各民族间广泛分布。泸州雨坛彩龙是指四川省泸州市泸县及邻近区域的汉族传统龙舞，因其悠久的历史和浪漫的龙舞表演艺术而声名远播。泸州雨坛彩龙不仅是一项传统艺术，也是中国民间艺术的代表之一，以龙身之形体美、舞台造型之形象美、龙舞技巧之艺术美著称，被誉为"东方活龙"。泸州雨坛彩龙于2006年被列入第一批国家级非物质文化遗产名录。

一、泸州雨坛彩龙的发展历程

泸州雨坛彩龙产生于明末清初，起源于泸县方洞镇的雨坛场一带。由于这里"十年九旱"，人们使用稻草扎制"草把龙"求雨，后来人们开始用竹子编出"龙骨"，用布料作"龙衣"，并特别注重"龙头"的制作，从而形成了泸州雨坛彩龙的雏形。这一传统艺术形式受到民间祈福、消灾、求雨、敬神等祭祀活动及驱傩风俗的影响而产生了变化。

泸州雨坛彩龙主要经历了三代的发展和创新。1892年的初冬，泸县籍得胜镇民间艺人王世品回到家乡对布衣龙进行了大胆改革，把当时民间流行的草把龙大刀阔斧改为布衣新龙。他改变了草把龙的制作技术，同时融入了川南农耕的动作造型，创造出第一代雨坛彩龙，后将龙舞技艺传给以罗银坤为主的罗氏家族。罗银坤为泸州雨坛彩龙的主要传承人，自14岁起便开始学习彩龙舞技并为当地乡亲传授舞龙技艺，使泸州雨坛彩龙得到了传承和发展，逐渐形成了第二代泸州雨坛彩龙。20世纪50年代以后，泸州雨坛彩龙发展到第三代。罗德书和罗德学跟随父亲罗银坤学习民间龙舞技艺，在继承祖辈民间龙舞的基础上，吸收了杂技艺术和外地龙舞技艺的精华，将泸州雨坛彩龙进行创新和发展，能够在连贯变化的太极图形中相继呈现出"龙出洞""龙夺宝""龙抱蛋""龙翻滚"等数十个模拟动作和造型动作。罗德书也被评为国家级非物质文化遗产项目泸州雨坛彩龙的代表性传承人。

泸州雨坛彩龙的龙头造型以当地龙脑桥上的龙头为原型。每当艺人制出新的彩龙时，都要在龙脑桥上舞龙以表示对龙的祭祀（图4-1）。泸州雨坛彩龙是当地文化活动的重要组成部分，无论是逢年过节、重大纪念活动或婚丧嫁娶仪式，百姓都会舞彩龙来庆祝和祈福。泸州雨坛彩龙曾多次参加全国大型庆典活动，在国内享有盛誉，并于1985年被编入《中国民族民间舞蹈集成》一书。2000年成立的泸县雨坛彩龙演艺有限公司开展彩龙演出、表演培训、系列产品开发等业务，并加大力度培训优秀人才承担泸州雨坛彩龙传承任务。泸州雨坛彩龙这一传统艺术形式通过在各地的表演展示出了独有的民间文化艺术魅力。

二、泸州雨坛彩龙的文化内涵及艺术特色

泸州雨坛彩龙的产生与古代民间龙文化有紧密的联系。华夏先民对龙的图腾崇拜包含着对风调雨顺、人畜平安和生产丰收的期待。这种期待的早期表达方式就是造龙祭拜，而后来在节日或喜庆活动上的舞龙表演则不仅代表民众对龙的图腾崇拜，还承载着老百姓自娱自乐的精神需求。尤其在现代社会，中国民间舞龙表演包括泸州雨坛彩龙主要是庆贺重要节假日和重大活动的群众性娱乐，反映出龙文化在不同时代的内涵变化和发展。当下的泸州雨坛彩龙既向人们展示了文化遗产的历史价值，也具有满足当代人们精神生活需求的现实意义。

图4-1 龙脑桥上的泸州雨坛彩龙舞   图片来源：泸州市广播电视台

泸州雨坛彩龙作为一种地方的传统民间舞蹈，具有独特的表演形式和艺术特色。

舞龙表演突出一个"活"态。舞者的动作丰富多样、技巧娴熟精湛，"手随眼动，眼随心动"，通过"龙出洞""龙翻滚""龙滚宝""龙夺宝""龙拖宝""龙擦痒""龙叹气""跳龙门""龙蜕衣""龙砌塔""龙背剑""太子骑龙"等数十个动作，栩栩如生地展现出龙的灵性和魅力，呈现出互动交融、"人龙合一"的艺术境界。

音乐和伴奏展示出川剧风格。泸州雨坛彩龙的音乐设计保持了原来龙舞的川剧风格，增加了唢呐、打击大鼓等乐器，表现出更热烈火爆、欢乐喜庆的浓郁川味。音乐和伴奏紧密配合龙的动作、情绪和舞者的节奏、速度，激昂欢快的旋律增强了龙舞场面的恢宏气势，不仅能激发观众兴高采烈的情绪，还能表达人们作为龙的传人的自豪感和拼搏精神。

雨坛彩龙龙头的造型独特。泸州雨坛彩龙的龙头造型主要依据全国重点文物保护项目泸县龙脑桥的龙头设计，额高、嘴短、双目突出可动，下颌开合自如。龙头形象不仅栩栩如生，也与国内其他民间龙的造型有异。泸州雨坛彩龙的龙身长30米，由13节龙体组成，使用竹篾扎制成骨架，相互串联，套上龙衣后灵活多变；龙尾设计区别于一般的火炬尾、蛇形尾，呈鲣鱼状，紧随龙身起伏摇摆，灵活自由，引人注目。2006年11月，泸州雨坛彩龙参加中国文联、中国作协全国代表大会联欢晚会时，荣获时任国家领导人亲笔"点睛"，成就泸州雨坛彩龙表演的巅峰之作。①多年来，泸州雨坛彩龙一直是泸州市及各县乡春节期间龙灯表演和舞龙竞赛的佼佼者（图4-2）。

---

① 《泸县雨坛彩龙》，方志四川，2023年9月5日。

图4-2　泸县龙舞闹元宵群众活动　图片来源：泸州市人民政府网

三、泸州雨坛彩龙的保护传承现状

自2006年泸州雨坛彩龙被列入国家级非物质文化遗产名录后，泸县政府对当地的龙文化资源进行了深入挖掘和大力开发，并取得了显著成效。2008年泸县被文化部授予"中国龙文化之乡"的荣誉。2020年泸县成功申报四川省龙文化（泸县）生态保护实验区，通过对龙舞的创新性保护，现已获得省、市、县各级认证的龙舞非遗项目22个，继承与创新龙舞项目48个，建立龙舞传习基地27个。①地方政府和相关文化部门制定了保护传承泸州雨坛彩龙的规划，并采取了多方面的措施，为泸州雨坛彩龙的活态传承和可持续发展创造了良好的条件。

组织传承人通过传承教学培养和扩大传承队伍。泸县专门建立了龙舞训练基地，泸州雨坛彩龙传承人与教师一起编写传习教材，授徒规模达500余人。同时还建立了多个传习所、校园传习基地和省级体验基地，能参与泸州雨坛彩龙舞演出的人员规模达到2000余人。通过组织传承人进行传承教学、展示展演、参与体验等活动，扩大了泸州雨坛彩龙传承队伍，为泸州雨坛彩龙在现代社会的传承和发展注入了新的活力。

---

① 《泸县雨坛彩龙》，方志四川，2023年9月5日。

　　培养龙舞专业表演艺术队伍，创新龙舞文艺表演形式。在政府与社会民间力量的支持下，泸州以"创新文艺表演"为目标，加大龙舞传习所培育力度，培训部门聘请龙舞表演大师、艺术专家等为客座教授，高质量培养龙舞专业表演艺术队伍，孵化新型龙文化演出剧目。从2006年开始，泸县每年正月十五组织"龙舞闹元宵"大型活动，20个镇（街）组织龙舞非遗项目在泸县人民广场开展龙舞表演，并围绕花园干道设立接龙台。泸州雨坛彩龙发源地方洞镇连续9届开展"二月二龙抬头"民俗活动（图4-3）。此外，还在每年"文化遗产日"宣传活动上组织龙舞表演，开展龙舞讲座等，从而扩大泸州雨坛彩龙传播面和影响力。

图4-3　泸县雨坛彩龙　照片来源：封面新闻

　　积极打造当地龙文化文创产品。泸州雨坛彩龙流传地区的政府和文化部门充分利用本地龙文化资源，着力打造以龙舞、龙桥、龙雕为核心元素的龙文化品牌，创造了不少文旅产品。2023年"泸县·雨坛彩龙"成功申报四川省首批"非遗四川 百城百艺"文化品牌，并被评选为四川非遗项目保护实践优秀案例。依托泸县龙舞非遗传承人，创新传承方法，提升龙舞技艺，促进龙舞高质量发展，以"舞龙+"提升龙舞产业附加值。在"创新孵化文创"的开发中加强龙文化文创孵化，统一设计、包装龙文化特色产品，孵化龙盲盒、龙文具、龙非遗等特色产品，从而唤醒龙文化产业新活力，促进泸州雨坛彩龙的活态传承和可持续发展。[①]

第二节　傣族孔雀舞

孔雀舞是傣族民间舞中最负盛名的传统舞蹈，也是我国民间舞蹈中最具代表性的舞蹈之一。这种舞蹈形式流布于云南省西双版纳州，德宏州的瑞丽市、芒市，孟连、景谷、沧源及孟定等傣族聚居区，其中以云南西部瑞丽市的孔雀舞最具代表性。傣族孔雀舞不仅反映了艺术起源于人类对大自然的模仿与崇拜，也构建了傣族标出性的文化符号。孔雀舞作为傣族文化的重要组成部分，不仅展示了傣族独特的舞蹈艺术和审美观念，也促进了广泛的跨界交流和文化交融，为增进不同地域和民族之间的了解和友谊作出了贡献。傣族孔雀舞的舞蹈风格轻盈灵秀、情感表达细腻、舞姿婀娜优美，是傣族人民智慧的结晶，具有极高的审美价值。傣族孔雀舞于2006年被列入第一批国家级非物质文化遗产名录，成为傣族传统文化的重要财富。

一、傣族孔雀舞的发展历程

傣族古代先民将孔雀视为民族图腾，认为孔雀与氏族有血缘关系。傣族孔雀舞的产生主要源于傣族人民对孔雀的深厚情感和崇拜，其原型是从"人首鸟身"的神鸟崇拜中演变出来的。在傣族文化中，孔雀被视为美丽、善良、吉祥和幸福的化身。傣族孔雀舞的历史源远流长，可以追溯到1000多年前。相传傣族首领召麻栗杰数模仿孔雀的优美姿态而学舞，流入民间后被历代民间艺人加工成型，形成了孔雀舞。在东汉时期，傣族首领曾多

---

① 《泸县雨坛彩龙》，方志四川，2023年9月5日。

次派遣使者到洛阳表演孔雀舞，说明孔雀舞在当时已有相当高的水平。①传统的孔雀舞自古"传男不传女"，都是由男人舞蹈。表演孔雀舞时，男舞者头戴金盔假面，身着有支撑架子的孔雀羽翼作表演装束，被称为架子孔雀舞。

在傣族孔雀舞的发展过程中，随着时代的变化，传统孔雀舞的表现形式和技法不断丰富。1953年，德宏州民族歌舞团的舞蹈演员莫恩帅与毛相决定改变传统孔雀舞的跳法，脱去道具的束缚，从而诞生了徒手孔雀舞。莫恩帅将三道弯技法融入徒手孔雀舞中，赋予其阴柔的曲线美感。而毛相则巧妙结合自己的深厚眼功和柔美身段，鲜活地呈现出徒手孔雀舞的灵动。徒手孔雀舞很快成为广大民众喜闻乐见的民族艺术。不同时期的傣族孔雀舞传承人作出了不同的贡献。1956年，刀美兰在傣族舞剧《召树屯与南吾诺娜》中饰演孔雀公主，自此结束了千百年来孔雀舞只由男人扮跳的历史，成为中国舞台的第一个"孔雀公主"。刀美兰还对孔雀舞的表演形式作了革新，去掉面具展现了"孔雀公主"美丽的真容。在她的影响下，越来越多的傣族女性参加孔雀舞表演，广大民众也更加喜爱孔雀舞。作为后起之秀的著名舞蹈家杨丽萍在其长期的舞蹈生涯中，对孔雀舞的内容和艺术性作了更多的探索和创新，创作了不少具有现代生活意识和审美情趣的新节目，将孔雀的内心世界和灵气表现得淋漓尽致，让孔雀舞蜚声海内外（图4-4）。尽管刀美兰和杨丽萍等成为舞蹈家后所表演的孔雀舞属于舞台表演的专业舞剧，但她们在孔雀舞表现内容和形式上所作的探索与创新为傣族民间孔雀舞的发展带来了新的启示。

世世代代的傣族人都喜欢孔雀舞。在傣族聚居的地区几乎月月有节日，每到节日都有歌舞相随，特别是在傣族一年一度的"泼水节""关门节""开门节""赶摆"等民俗节日中，傣族人民会聚集在一起，敲响大锣，打起象脚鼓，跳起姿态优美的孔雀舞，在歌舞声中呈现出丰收的喜庆气氛和民族团结的美好景象。

---

① 《傣族孔雀舞，竹林深处的摇曳身姿》，云南网，2022年9月29日。

图4-4　现代孔雀舞优美造型　图片来源：云南文化

二、傣族孔雀舞的思想内容及艺术特色

　　傣族孔雀舞在傣族各种舞蹈中最具代表性，是本民族最有文化认同感的舞蹈。傣族孔雀舞是傣族先民情趣的流露，也是神人叙事性的肢体语言，在孔雀舞飘逸动态结构背后，蕴涵着傣族人家丰富的生命意义。[①]不同题材和表演形式的傣族孔雀舞，都表现出傣族人对自然的崇拜、对家乡的热爱和对美好生活的向往。现代孔雀舞有更丰富多元的题材，比如人与自然的和谐、正义与邪恶的较量、爱情的悲欢离合、生命的价值与兴衰等，都能通过舞蹈语言酣畅淋漓地进行表达，为傣族文化增添着新的内涵。而更为广大民众称道的是傣族孔雀舞极富感染力的舞蹈艺术特色。

　　孔雀舞的表演形式多样，包括单人、双人、三人、集体孔雀舞和架子孔雀舞等，通常用鼓、铓、镲等乐器伴奏。在世代的艺术经验积累和传承

---

　　① 《傣族孔雀舞，竹林深处的摇曳身姿》，云南网，2022年9月29日。

中，形成了一整套的程式动作，细腻地表现孔雀从林中探头观察、漫步丛林、饮泉戏水、点水、抖翅、拖翅、亮翅、开屏、追逐嬉戏等到最后展翅飞翔。整套动作有严格的方位、步伐、动作组合及表情要求，以雕塑性舞姿造型为主，着重表现孔雀的机警灵动、温顺乖巧、美丽善良和婀娜多姿。孔雀舞表演者通过手、掌、臂、眼、嘴、身、腿、脚的不断变化，舞姿整体呈"三道弯"造型，优美动人。

按照舞蹈风格划分，可将孔雀舞分为三个类型。一是雄孔雀舞：民间多跳这种舞，舞者膝部起伏刚韧，舞姿有明显的"三道弯"特点。二是雌孔雀舞：在民间多由男子表演，舞者膝部起伏柔韧缓慢，舞姿优美、动作细腻，并常有拱胸和肩头转动，呈现出温顺妩媚、柔情似水的形态。三是小孔雀舞：舞者小腿灵活轻巧，不时用连续的小耸肩，以碎步飞跑和原地转圈表现孔雀的天真恬静和活泼可爱。无论是哪种类型的孔雀舞，舞者们都能表演得形象逼真、出神入化，让人们看到人与自然的和谐，看到生活之美和自然之美的高度融合（图4-5）。

图4-5　傣族孔雀舞演出剧照　图片来源：云南文旅

三、傣族孔雀舞的保护传承现状

1949年以后，傣族孔雀舞受到各级艺术管理部门和艺术表演、艺术研究机构的重视。20世纪50年代初，德宏傣族景颇族自治州和西双版纳傣族自治州都成立了民族文工团，毛相和刀美兰都是从家乡成长起来的第一代傣族专业舞蹈工作者。毛相被公认为雄性孔雀舞表演的典范。他表演的孔雀舞以独特风格见长，舞姿优美、动作灵活、形象逼真、出神入化，被誉为俊美的"雄孔雀"。60年代初又建立了县级民族文工队。经过毛相等人的不断发展，加上刀美兰和杨丽萍等在其传统精神和技艺基础上进行创新的孔雀舞产生的广泛影响，傣族孔雀舞在题材与内容上有了新的拓展，成为中外影响较大的民间舞蹈。

我国改革开放以来，傣族地区的经济得到快速发展，人民群众的生活水平也有了较大提高，在文化生活方面有了更多的追求，但他们依然喜欢象征着吉祥与幸福的孔雀舞。2006年傣族孔雀舞申遗成功，极大地鼓舞了孔雀舞传承人和当地人民群众。为了保护传承这项国家级非物质文化遗产，让其在当地特色文化建设中发挥更大的作用，丰富广大民众的精神生活，地方政府制定了相关的保护传承措施。

瑞丽市政府不仅在财力上给予了非遗保护的必要保障，还指导、支持创建了孔雀舞的传承基地，为孔雀舞技艺的民间传承创造条件。传承基地与当地学校建立了培养传承人合作关系，不断开展"非遗进校园"宣传与展演活动，成批的学生每到周末和寒暑假就到传承基地学习传统孔雀舞的表演技艺。瑞丽市文化馆是《国家级非物质文化遗产代表性项目保护单位名单》中指定的"傣族孔雀舞"项目保护单位，为保护传承傣族孔雀舞作出了积极的努力。在当地政府及文化部门的支持下，瑞丽市文化馆与民间有关组织共同举办了多期傣族民间传统孔雀舞培训班，邀请孔雀舞传承人为学员授课，传授技艺训练基本功，不断培养出孔雀舞新的传承人（图4-6）。

图4-6　孔雀舞传承人旺腊（左一）和学员的表演　图片来源：德宏文化馆

第三节　巴塘弦子舞

巴塘弦子舞主要流传于四川省甘孜藏族自治州巴塘县及周边地区（地处川滇藏三省区结合部），是一种热烈奔放、优美抒情的藏族舞蹈。弦子舞，藏语称"谐"，是圆圈舞之意，至今已有1000多年历史。巴塘弦子舞唱词内容丰富，或赞美家乡山水，或咏唱劳动生活，或倾诉亲情爱情，具有浓郁的民族特色和乡土气息。巴塘弦子舞表达出巴塘人民豁达、奔放、热烈的情绪，展现了他们勤劳勇敢、热情奔放的性格和乐观豁达、热爱生活的态度。巴塘弦子舞是当地藏族文化的重要组成部分，还与当地一些其他文化艺术形式相互交融影响，对研究当地藏族歌舞艺术和历史文化传统具有重要价值。由于巴塘弦子舞深厚的文化底蕴和独特的艺术魅力，巴塘县于2000年被文化部命名为"中国民间艺术（弦子）之乡"，巴塘弦子舞于2006年被列入国家级非物质文化遗产名录。

一、巴塘弦子舞的发展历程

巴塘弦子舞的发展历史源远流长，可以追溯到四川省甘孜藏族自治州巴塘县远古时期的"歌卓"。这是一种祭祀舞蹈，源自白狼羌人的祭祀活动。当时的巴塘隶属白狼古国，面对自然环境的挑战和各种灾害，人们通过舞蹈来表达对自然和祖先的敬畏与崇拜。每当举行集体祭祀仪式，参加人员自成两排排列，由年长者领头，不分男女，弯腰垂首、相互牵手或搭抱，围着篝火集体起舞，这便是巴塘弦子舞的雏形。[①]

随着时代的发展，巴塘弦子舞逐渐加入了劳动生产和抒发生活感受的内容，在唐代开始成为流行于藏区的民间群众性舞蹈，成为人们在劳动生产之余或节日庆典、婚丧嫁娶之时所跳的集体舞蹈。巴塘弦子舞的队形由早先的两列对站式变为圆圈站立式，舞姿也由简单的弯腰垂首变成了拥有更加丰富舞蹈语汇的手舞足蹈，藏语称"嘎谐"，即圆圈舞。这种舞蹈形式受到了藏区民众的广泛欢迎，因为生活在辽阔的草原与山区的牧民和农民，平时都要忙于放牧与耕种，很难有聚会的时间，一旦有节日或重大庆祝活动，都乐意聚在一起以集体跳弦子舞的方式来放松娱乐和联络感情。

从宋元到明清，巴塘弦子舞主要在巴塘及周边地区广泛流行。特别是在清康熙年间，随着茶马古道的繁盛，川贵滇藏青陕等省的各族商人常常往返于茶马古道从事商贸活动，他们的到来不仅促进了巴塘地区的经济发展，也促进了多民族文化在巴塘的交流汇聚，巴塘弦子舞从而汲取了其他民族的文化养分而丰富发展着。过去的巴塘弦子舞没有乐器伴奏，只是载歌载舞的自然表达形式。直至清光绪三十二年（1906年），赵尔丰在巴塘改土归流后，文化交流频繁，巴塘弦子舞吸收外来歌舞的长处，并开始以胡琴伴奏。[②]这种歌舞形式最终形成了集唱、琴、舞为一体的综合艺术。巴塘弦子舞发展到今天，已经成为当地藏区民众经常参与的民间歌舞形式，每逢节假日、婚嫁仪式、纪念活动、庆祝丰收等都会有集体跳弦子舞的热烈场面。

---

①② 《巴塘弦子：民族艺术宝库中的奇葩》，巴塘县人民政府，2011 年 3 月 31 日。

巴塘弦子舞在藏区乃至全国都产生了影响。早在1945年为国共两党重庆谈判代表举办的专场晚会上，著名舞蹈家戴爱莲女士为毛泽东、周恩来等表演的第一个节目就是巴塘弦子舞。1954年，舞蹈《巴塘弦子》作为中国代表团的主要节目之一参演了波兰华沙举办的世界青年联欢节。1964年，巴塘县业余演出队在北京参加全国少数民族文艺调演时演出了弦子舞《拉起二胡上北京》，全体演员还受到毛泽东、刘少奇、朱德、周恩来的亲切接见。[①]

1988年，四川省文化厅将巴塘县城所在地夏邛镇命名为"四川省特色（弦子）文化乡（镇）"。2000年，文化部授予巴塘县"中国民间艺术（弦子）之乡"称号。2006年，巴塘弦子舞被列入国家级非物质文化遗产名录。从此巴塘弦子舞在当地政府和广大群众的保护传承中有了更大的发展，产生了更广泛的影响，弦子舞表演在巴塘地区的重大庆祝活动上必不可少（图4-7）。

图4-7 群众集会上的巴塘弦子舞 图片来源：巴塘县人民政府

①《巴塘弦子：民族艺术宝库中的奇葩》，巴塘县人民政府，2011年3月31日。

二、巴塘弦子舞的表演形式及艺术特色

巴塘弦子舞承载着丰富的文化内涵和历史传统，反映了藏族人民的生产生活方式、情感表达以及对美好生活的向往。作为集歌、舞、乐为一体的综合性歌舞艺术，当代流行的巴塘弦子舞比传统舞蹈有了更丰富的内容和表现形式，其唱词内容主要包括风土人情歌、祭祀祈福歌、婚嫁庆典欢歌、爱情歌、团聚歌和悲歌等。每首歌词都可以放进任何一支弦子曲调中进行舞唱，表演形式自由灵活。一般的聚会与活动以几人或几十人的小规模进行表演，重大的节日和庆典往往汇聚成百上千人进行集体舞蹈。

为弦子舞伴奏的弦子曲调优美、悠扬动听。曲调短小精悍、节奏整齐、旋律优美，可以反复十余次；调子有六调式、五调式和二调式，也有几种调式交替出现的情况。歌词寓意丰富、感情丰富，具有鲜明的地域特色和浓郁的乡土气息，非常适合当地群众歌舞。歌舞以琴手为中心控制整个舞蹈节奏，舞蹈的伴奏乐器为藏二胡。弦子舞表演时首先由羊皮胡琴领头演奏一遍曲调，随后舞蹈者在胡琴伴奏下绕圈边舞边唱，先是轻歌曼舞，随后逐渐加快节奏，最后以快节奏结束一首弦子。[1]

巴塘弦子舞具有"长袖善舞"的特点。巴塘弦子舞男女服装都有飘逸的长袖。表演中，男子通常头戴毡帽，身着长袍，脚穿长筒皮靴，展现出强壮威武、豪迈粗犷的气势；女子则身着艳丽衣裙，腰束彩带，翩翩起舞，婀娜多姿，尽显飘逸柔美之态。在舞蹈表演过程中，男女都会不时舞动长袖，舞姿柔中刚劲豪放，女性舞姿以柔美见长，舞者时而聚成圆圈，时而跳离疏散，歌舞飞扬，场面热烈欢快。弦子舞这种舞蹈形式不仅展现了男女舞者的不同风格，也体现了藏族文化的独特魅力（图4-8）。

---

[1] 《巴塘弦子》，巴塘人民政府网，2020年8月27日。

图4-8 巴塘弦子舞参加第二届中国成都国际非物质文化遗产节 胡畔 摄

三、巴塘弦子舞的保护传承现状

巴塘弦子舞是巴塘人民用勤劳和智慧创造的文化艺术，不仅在巴塘有着深厚的群众基础，在整个藏区都广为流传，深受广大民众喜爱。1949年以后，巴塘弦子舞受到高度重视，国家主流媒体多次对其作专题报道，在全国产生了很大的影响。不少歌唱家、舞蹈家、作曲家到巴塘采风，取材巴塘弦子音乐素材，创作了歌曲《毛主席的光辉》、舞蹈《洗衣歌》、歌剧《柯山红日》、舞剧《花仙卓瓦桑姆》、电影《女活佛》、电视剧《格萨尔王》、电视纪录片《唐蕃古道》以及央视春节联欢晚会上的歌舞《巴塘连着北京》等一大批文艺作品。由此，巴塘弦子舞在国内享有盛誉并得以持续发展。①

为了更好地建设"中国民间艺术（弦子）之乡"，保护传承好国家级非遗巴塘弦子舞，使宝贵的非物质文化遗产在发展地方经济文化、促进民族团结和乡村振兴中发挥更大的作用，巴塘县政府及文化部门采取了一系列措施。2012年，当地正式启动巴塘弦子数据库建设工作，并于2014年全面

① 《巴塘弦子：民族艺术宝库中的奇葩》，巴塘县人民政府，2011年3月31日。

建成。巴塘弦子数据库成为全藏区第一个建成使用的歌舞数据库，截至2018年共收录611张图片、608首音频、244首曲、182首词、402条视频。[①]数据库的建成使巴塘弦子这一非物质文化遗产得到了有形的保护。

近年来，巴塘县与甘孜藏族自治州政府持续开展大型群众性文艺汇演和专题比赛，推出"我心中最美的巴塘弦子"竞选、百人弦胡夜、千人弦子展演、藏族弦子文化保护传承发展座谈会等系列活动。每年国庆、春节及藏历新年等重大节日都会举办以大型群众性巴塘弦子舞为主的文艺演出（图4-9）。持续派出演出团队和代表参加国内各地的民族音乐舞蹈艺术大赛和表演活动，充分宣传和展示近年来巴塘作为中国民间文化艺术之乡的建设成果，展示优秀民间文化的艺术生态面貌。同时，为各地搭建了学习借鉴、交流展示、协同发展的文化艺术平台。

图4-9　新年庆祝活动上的巴塘弦子舞　图片来源：康巴传媒

弦子在巴塘十分普及，城乡男女老少都擅长弦子歌舞，弦子影响着每一位巴塘人的生活和心态。为使巴塘弦子舞的传承后继有人，实现可持续发展，巴塘县还通过开办非遗传习所、非遗培训班等平台，鼓励广大少年

---

① 《中国最美弦子舞 | 为你喜爱的弦子投上一票吧》，康巴传媒，2018年9月10日。

儿童热爱并学习巴塘弦子，使保护和传承非遗的理念根植于青少年心中。在巴塘县人民小学，学生将课间操变成弦子齐舞，优美的旋律和轻盈的舞步深受广大师生喜爱。越来越多的当地青少年积极参加弦子舞演出和相关文化活动，为巴塘文化保护传承注入了新鲜的活力。

第四节　羌族羊皮鼓舞

羌族羊皮鼓舞主要流行于四川省阿坝藏族羌族自治州汶川县的龙溪、雁门、绵簾等地。羌族是华夏最古老的民族之一，在其生活环境中随处可见宇宙天象和自然界的动植物符号，反映出羌族人民对自然的敬畏、对宇宙的想象以及对美好生活的向往。羌族羊皮鼓舞最初是用于祭拜天神和自然的原始舞蹈"跳经"，羌语称为"莫恩纳莎"或"布滋拉"，至今已有2000多年的历史。羊皮鼓舞作为羌族古老的舞蹈，是羌族民众精神信仰和民情风俗的特殊体现，不仅记录了羌族先民的图腾崇拜，还包含了羌族从游牧转向农耕的历史过程中所衍生的丰富文化内涵，是羌族文化的重要组成部分，具有独特的民族特色和艺术价值。2008年，四川省汶川县申报的羌族羊皮鼓舞被列入第二批国家级非物质文化遗产名录。

一、羌族羊皮鼓舞的发展历程

在羌族历史上，最早出现的羊皮鼓舞是羌族释比①做法事时跳的一种舞蹈。它的产生背景与羌族先民的精神信仰、狩猎、游牧和农耕生活直接相关。因祭拜天神而产生了主持祭拜仪式的释比，由释比祭祀的需要产生了羊皮鼓舞。释比在羌语中被称为"许"，是当地见识广，懂得天文、地理、医术、阴阳等知识并从事祭祀活动的人。释比从事祭祀活动但不脱离生产劳动，在羌人中享有很高的地位和威望（图4-10）。

---

① 释比是羌族社会的民间巫师，被视为羌族社会最权威的文化人和知识集成者。

图4-10　在表演羊皮鼓舞的释比　图片来源：北川文化馆

　　由于羌族没有文字，一切都只能靠口传心授的方式流传。在羌族史诗《羌戈大战》中，羊皮鼓被视为传递历史文化记忆的载体。传说是山羊吞噬了天神赐给羌族的经书，所以羌族人用羊皮做成羊皮鼓。当释比敲击羊皮鼓起舞时，经书就从他的口中脱口而出，释比敲打羊皮鼓即传递神的力量，给族人英勇无畏的信心。传统的羌族羊皮鼓舞一般在农历二月的还愿会、四月的祭山会或转山会、十月初一的羌历年等节庆活动时进行，由释比在仪式上独舞或领舞。释比在跳羊皮鼓舞时还要头戴金丝猴皮帽子，传说是因为金丝猴曾帮助过羌人而被视为他们的恩人，平时和猴头骨一起放在神坛上供奉。而世代相传的羊皮鼓舞的起跳转落都表现出猴的机敏灵动。

　　传说羌族羊皮鼓舞的形成还与三国时期的历史背景紧密相关。当时的蜀魏争夺激烈，略阳成为兵家必争之地，战乱不断。诸葛亮在汉中久居，重用羌人姜维、马超，使得汉水、嘉陵江上游和陇东南及巴蜀的羌人有了更频繁的交往。在这种民族融合中，祭祀舞蹈羊皮鼓舞流行的区域有所扩大，但仍然保留着浓郁的羌族风情。①

　　随着时间的推移，现代羌族羊皮鼓舞的表演形式和内容有所变化。它

①《非遗天下|羌族羊皮鼓舞：鼓声唤醒神灵》，《四川经济日报》，2017年9月3日。

从最初的祭祀舞蹈逐渐转变为娱乐性的表演形式，表演人数由一人、两人增至数人从而形成群众性舞蹈，并融入了现代舞蹈元素。此外，略阳羌族羊皮鼓舞经常参加节庆、交流、展演等活动，其文化艺术价值与社会效应在传承、传播和发展中不断提升。

二、羌族羊皮鼓舞的表演形式及艺术特色

羊皮鼓舞的表演形式和内容反映了古羌民族的生活习俗、精神信仰和内心世界，不仅在祭祀活动中扮演重要角色，还是传承和展示羌族文化的重要方式之一。羌族人民对天地万物的敬畏之心，勤劳勇敢、不断奋进的精神和追求美好事物的强烈愿望，在羊皮鼓舞的演绎中得到了充分的体现。同时，羊皮鼓舞始于热爱自然、崇敬自然的生存理念，有利于促进人与自然的和谐相处。

羌族羊皮鼓舞的表演形式主要包括独舞、对舞和集体舞。独舞和对舞主要用于羌族传统的祭祀活动，而集体舞是羌族民间各种节日和庆祝活动中不可缺少的表演形式。释比在各种形式的羊皮鼓舞中担任领舞。跳羊皮鼓舞的道具除神杖、盘铃等外，最主要的是单面羊皮鼓。这是一种用羊皮蒙在圆形的木圈或铁圈上绷制而成的单面鼓，直径40~60cm，四周安上铁环，未绷羊皮的一面在鼓圈内有一横木做的扶手便于手持，让舞者在起跳转落时都能得心应手。用于击打鼓面的是藤条制作的藤鞭，击打鼓面和摇动铁环的声响构成了热烈和谐的舞蹈节奏。

羊皮鼓在羊皮鼓舞中的打法多样，鼓点节奏多变，鼓声浑厚。击打方法包括硬三鞭、软三鞭、偷点子、野鸡扑、牛擦痒等十余种。这些鼓点配合于各唱段与舞蹈衔接的节奏变化中，让表演者的步伐动作得以协调统一，展现出表演者随机应变的灵巧和情绪意图的变化。羊皮鼓舞有传统命名的单腿跳、勾腿跳、凤凰三点头、揉麻窝子、线笆子、禳鼓、禳星辰等表演动作，与羊皮鼓的鼓点节奏共同构成丰富的舞蹈语汇，使羊皮鼓舞的表演更加生动有趣。[1]舞蹈现场，演员们边击鼓边跳舞，通过"嘭、嘭、嘭"的

---

[1] 《略阳羊皮鼓舞，你很少见到的民间艺术瑰宝!》，搜狐网，2017年10月9日。

击鼓声和"嚓、嚓、嚓"的摇环声，配以高亢悠远的唱腔，两人同进退或面对面、背靠背地对转，或"推磨式"地同转共绕，表现出舞蹈的欢快节奏和热烈情绪。受现代舞蹈艺术的影响，羊皮鼓舞也融入了纵横队列交叉移位、叉腿挥臂造型的现代舞蹈元素，增强了舞蹈的观赏性和艺术性（图4-11）。

图4-11　舞台上的羊皮鼓舞表演　图片来源：搜狐网

三、羌族羊皮鼓舞的保护传承现状

羌族羊皮鼓舞在被列入国家级非物质文化遗产名录后，在地方政府和人民群众的保护中得以更好地传承。当地制定了符合地区经济文化建设需要的措施，积极寻求羌族羊皮鼓舞创新发展的途径。

从20世纪80年代起，四川省歌舞团、阿坝藏族羌族自治州歌舞团、茂县歌舞团和汶川县"羊角花"业余艺术团编排的系列羊皮鼓舞节目在中央和地方各级电视台播出，在当地乃至全国产生了广泛的影响。2008年，汶川大地震对羌族羊皮鼓舞赖以生存的自然环境和人文生态造成了极大破坏，但在当地政府不遗余力的保护下，包括羌族羊皮鼓舞在内的多种羌文化项目得以新生。大地震同年，羊皮鼓舞被列入第二批国家级非物质文化遗产名录。2009年出版的《羌族释比经典》，收录了48位释比老人的362部口头说唱经典；在部分地区先后设立了释比文化传习所，打破了释比家族内部传承的狭隘局限，逐步向羌族社会公开化，从而有效扩大传承面。①

为了进一步保护和传承羌族羊皮鼓舞，其所在区域的地方政府和相关部门十分重视传承人的培养，专门组织非遗项目持有者、从业者开展交流研讨和经验总结，安排他们到高校和研究机构学习专业知识，研究表演技艺，提高传承实践能力。为了扩大传承队伍，还举办羌族羊皮鼓舞传承人研修班，对传承学员进行传统文化和业务技能培训，邀请羌族羊皮鼓舞传承人、高校羌舞专家、资深羌舞剧目编导、羌族理论学者共同授课，将民俗历史文化特色融入舞蹈编排之中，通过优秀剧目启发学员，提升学员表演能力。通过这些培养方式，提升他们的文化素养和演出才能，进一步激发他们对传统文化的创新潜能。通过创新教育和培训模式，以及整合和利用羌族舞蹈历史文化资源，羌族羊皮鼓舞的保护传承工作正在逐步推进。

2019年12月，羌族文化生态保护区入选国家级文化生态保护区，广大群众积极参与保护区的文化生态建设，为羌族羊皮鼓舞的发展创造了新的生存环境和更加有利的空间。由于当地政府的积极推进和民众的大力支持，羌族羊皮鼓舞的演出水平不断提高，已参加了多届成都国际非遗艺术节，逐渐走入国内外大众视野（图4-12）。近年来，羌族羊皮鼓舞在羌寨的各种仪式庆典上更加活跃，得到国内众多媒体的宣传报道，让更多的人了解羌族相关的历史文化和民情风俗。

---

① 《羌民族文化的艰辛承载》，搜狐网，2016年4月29日。

图4-12　成都国际非遗艺术节上的羌族羊皮鼓舞表演　图片来源：四川新闻网

人工智能与非遗

　　请选择一个人工智能辅助现代民族舞创作实践的案例，谈谈人工智能在编舞、表演和舞美设计方面的优势。

延伸思考题：

　　1.中国传统舞蹈在中国舞蹈史上有什么样的影响？

　　2.泸州雨坛彩龙与中国其他地区的传统龙舞有什么不同？

　　3.怎样理解傣族孔雀舞所体现的人与自然和谐相处的意义？

4. 巴塘弦子舞的民族风格体现在哪些方面？

5. 羌族羊皮鼓舞传承至今表演形式发生了哪些变化？

6. 你最喜欢的中国传统舞蹈是哪一种，为什么？

第5章
传统戏剧

　　中国传统戏剧是一种集中国民族艺术之大成的综合性艺术，包含了文学、音乐、舞蹈、美术、武术、杂技以及人物扮演等多种元素。中国传统戏剧在上古原始社会的歌舞表演中已经萌芽，其后发展演变的过程很漫长，历经汉唐，直到宋金时期才形成了比较完整的中国传统戏剧艺术形态。盛行于12世纪30年代的南戏艺术，成为中国传统戏剧最早的成熟形式。中国传统戏剧前后有360多个种类，在艺术共性中体现了各自的个性与特点。经过长期的发展演变，逐步形成了以京剧、越剧、黄梅戏、评剧、豫剧五大剧种为核心的中国传统戏剧，在全国有广泛的影响。而川剧、藏戏等则属于地方戏剧，具有独特的地域特色和艺术风格，属于我国西南地区最有特色的剧种。

第一节　川剧

　　川剧是中国传统戏剧中的一个重要剧种，融合了多种其他中国戏剧艺术，是传统戏剧文化与巴蜀地域文化相融合的产物，是由历代川剧艺人集体创造和传承下来的独特艺术。川剧由高腔、昆腔、胡琴、弹戏、灯调5种声腔构成，使用四川方言进行表演，在内容上既传承了中国古代戏剧中的一些重要内容，也通过融合四川历史文化和民情风俗而获得更加丰富新颖的题材。从明代至今，川剧艺术在发展过程中逐步完善，创作了许多优秀的剧目，受到广大民众的欢迎。

一、川剧的发展历程

川剧的产生是一个复杂的过程。它不仅受到了外来戏剧艺术的影响，也深深根植于四川地区的民间文化和艺术传统中。川剧的产生主要源于中国明代四川地区的戏剧艺术与当地民间艺术的融合。受明代戏剧的影响，川剧开始诞生并逐渐形成具有地方特色的戏剧，在清代得到快速发展并趋于成熟。川剧主要流行于中国西南地区川渝云贵四省市的汉族地区，俗称川戏，是在学习借鉴一些历史悠久的中国传统戏剧的基础上，融汇高腔、昆腔、胡琴、弹戏和灯调5种声腔艺术形成的独立剧种。从传统剧目和艺术程式来看，川剧基本上是从中国传统戏剧及高、昆、胡、弹等几大声腔艺术中继承、发展和创造来的。[①]

川剧的起源可以追溯到明代万历年间。当时四川地区的戏剧艺术受到了东南沿海地区的影响，演出形式以说唱为主，曲调流畅、节奏明快，广受观众欢迎。随着时间的推移，这种戏剧艺术与当地的民间艺术相结合，逐步吸收了其他剧种的套路动作，与原有说唱表演融合形成川剧。深受观众喜爱的变脸、吐火也形成了川剧表演的一种特色（图5-1）。

图5-1　川剧吐火表演　胡畔 摄

---

① 王定欧：《川剧的文化成因与历史演进轨迹》，《四川戏剧》，2013年第2期。

　　川剧在清代乾隆、嘉庆及道光年间进入成长期。这主要是因为四川地区成了清朝的一个重要的军事和文化中心，政治和经济的繁荣使文化活动得到了更大的发展。同时，清政府对戏剧艺术也非常重视，为其提供了很多的支持。这一时期，其他剧种的唱腔形式和题材丰富了川剧的表现形式和内容，使川剧在民间得到了更加广泛的传播和发展。

　　川剧在晚清至民国时期进入成熟期。这一时期的川剧剧目、表演艺术、音乐等方面都达到了较高的水平。特别是咸丰、同治年间，大名班的崛起实现了昆、高、胡、弹与本土灯调的结合，形成了延续至今的多声腔体制。一些蜀中文化名人的参与，如赵熙、黄吉安等，提高了川剧剧目的文化品位，促进了川剧剧场艺术的发展。

　　1949年以后，川剧有了更大的发展。通过传统剧目的推陈出新，川剧走向更广阔的演出平台，开创了川剧的"黄金时代"。这一时期，川剧在自己的发展道路上达到了新的高峰。2006年，川剧被列入第一批国家级非物质文化遗产名录，得到了更多的关注和保护。

二、川剧的表演形式及艺术特色

　　川剧的艺术特色主要体现在其丰富的声腔艺术、独特的表演技巧以及与四川方言和群众欣赏习惯的紧密结合。

　　川剧的演员类型分为小生、须生、旦、花脸、丑角五类角色。各类角色在演出前要在面部用不同色彩绘成各种图案，以展示人物的身份、形貌和性格特征。历史上川剧没有专职的脸谱画师，演员都是自己绘制脸谱。在保持剧中人物基本特征的前提下，演员可以根据自身的特点创造性地绘制脸谱，使川剧脸谱拥有个性化和多样化特征，这在我国各类地方剧种中少见。每类角色有自成体系的表演功法与程序，其中小丑、小生、小旦的表演最具特色，在技法和动作上多有创新，能充分体现中国传统戏剧虚实相生、遗形写意的美学特色。[1]

　　川剧的声腔非常丰富，融合了高腔、昆腔、胡琴、弹戏和灯调5种声腔

---

[1] 王定欧：《川剧的文化成因与历史演进轨迹》，《四川戏剧》，2013年第2期。

艺术，形成了独特的艺术风格。这些声腔艺术在四川流行的过程中，与四川方言及群众欣赏习惯相结合，逐渐演变成川剧的5种声腔，满足了各种剧目中不同角色表演和剧情、环境、配乐的需要。

变脸是川剧表演最突出的技巧之一。其他剧种的变脸一次只能变一到两个脸谱，而川剧能够不停地变化十几种脸谱。现代川剧不仅丰富了变脸脸谱的内容，还改变了脸谱传男不传女的旧习，不少女演员也熟练地掌握了变脸技术，为观众奉献了精彩演出（图5-2、图5-3）。川剧变脸不仅是在传统的剧目中出现，还成为群众娱乐性活动中的变脸秀。

图5-2　女演员表演的川剧变脸秀（一）　　胡畔　摄

图5-3　女演员表演的川剧变脸秀（二）　　胡畔　摄

三、川剧的保护传承现状

川剧作为我国传统戏剧的代表性剧种之一，是巴蜀文化最具代表性和标志性的艺术样式。虽然它被列入了国家非物质文化遗产名录，但近年来和其他传统剧种一样，在传承发展方面面临一系列严峻挑战：全国包括四川的基层戏剧院团存留无几，前辈专业演员逐渐离职，从业人员紧缺，市场日渐萎缩，人才培养困难造成的传承链条断裂，以及多元的社会文化和新兴艺术形式的冲击。这些问题不仅影响了川剧的持续发展，也威胁到了其作为国家级非物质文化遗产的传承和保护。

尽管川剧的传承发展遇到了种种困难，但地方政府和相关文化部门对川剧的振兴给予了高度重视，通过各种措施加强川剧的保护和传承。四川省和重庆市分别制定了符合川剧保护传承规律和本地情况的地方性规划，为川剧振兴发展提供政策保障，在财政投入、设施建设、人才培育等方面均给予了有力支持，具体来说，在扶持川剧表演团体演出、发掘整理川剧文献、培养川剧传承人、创新川剧剧目等方面提供了必要的保障。自1999年举办首届中国川剧节以来，已先后举行了五届川剧节，同时还有不少川剧表演团队在四川、重庆乃至全国性的文艺展演中不断演出川剧传统剧目并持续创新表演剧目。在各地举办的群众文艺演出中，也常有川剧的变脸、吐火、顶灯（图5-4）等表演技艺的展示。老一辈川剧艺人不遗余力地培养有志川剧传承的新人。通过川剧进高校、进中小学的演出活动，让更多青少年了解川剧的独特艺术魅力，不断扩大川剧的传播面与影响力。

图5-4 川剧顶灯艺术表演 胡畔 摄

第二节　藏戏

藏戏，是中国传统戏剧的一个重要种类，具有鲜明的地域特色和民族风格。藏戏流行于西藏自治区，四川、青海、云南、甘肃、新疆等省、自治区以及印度、不丹等国家的藏族人居住区。各地对藏戏的称谓不一：西藏自治区称为"阿吉拉姆"，四川藏区称为"江嘎冉"，青海省称为"南木特"。藏戏是集神话、传说、民歌、舞蹈、说唱、杂技等多种民间文学艺术与宗教仪式乐舞为一体的戏种，主要起源于民间歌舞、说唱艺术、宗教仪式和宗教艺术。在藏族居住地区，每逢雪顿节、望果节、达玛节、藏历新年和特定的宗教节日都要举行藏戏汇演节目，常演的是最著名的八大传统剧目：《朗萨雯蚌》《文成公主》《苏吉尼玛》《卓娃桑姆》《顿月顿珠》《白玛雯巴》《智美更登》以及《诺桑王子》。藏戏于2006年被列入第一批国家级非物质文化遗产名录，于2009年被联合国教科文组织列入人类非物质文化遗产代表作名录。

一、藏戏的发展历程

藏戏的形成历史悠久，它的产生与藏族地区远古宗教活动有关。在藏族先民对神灵祭祀的仪式中就出现了象征图腾的神兽面具和祭祀的说唱及舞蹈，形成了藏戏最初的戏剧元素。佛教传入西藏后，祭祀仪式上的说唱及舞蹈逐渐宗教化和专业化，形成了后来被人们称为藏戏的基本形式。传统藏戏中的主要人物都是佛陀、菩萨或高僧弟子转世的形象。藏戏在漫长的发展演变过程中，从寺院走向民间，演出内容增加了老百姓喜闻乐见的神话传说中的英雄人物和故事，逐渐形成了在民间流行的群众性娱乐方式，常常出现在各种节日和纪念活动中。

据有关文献记载，文成公主进藏后，松赞干布以汉族乐舞结合藏族的民间歌舞训练美女进行表演，其歌舞表演开始具备一定规范。8世纪，在桑耶寺的落成典礼上，祈神仪式与土风舞相结合开创了一种类似古代傩舞的哑剧性跳神艺术。11世纪，在西藏卓地大庙会上，就已出现"巫师多人，自在女28人，戴面具，手持兵器，另有长辫女击鼓，随之而舞"①的具有戏剧性质的表演形式。藏戏面具因不同的色彩具有不同的象征意义，如白色面具象征善良、纯洁、温和，多表现慈善老者的形象；红色面具象征权力和威严，常为国王、大臣等角色所戴；蓝色面具象征正义和勇敢，用以表现守护正义的勇士形象（图5-5）。

图5-5　藏戏面具　胡畔 摄

　　藏戏流传区域较广，演出的形式有白面具藏戏和蓝面具藏戏之分。白面具藏戏形成于8世纪，演唱的正戏只有《诺桑王子》一个剧目。蓝面具藏戏形成于15世纪，表演继承了白面具藏戏的传统技巧并有所发展，演出内容得到拓展，主演剧目是"八大传统藏戏"。不同地区的藏戏产生时期并不相同。总的来看，四川、青海、甘肃、新疆等地的藏戏的产生和流行时间都晚于西藏地区的藏戏。所有藏区的藏戏在发展中都有所创新，既保持了

---

　　① 《白面具藏戏传承人欧洛巡巴：跳起藏戏送吉祥》，中国非物质文化遗产网·中国非物质文化遗产数字博物馆，2015年4月27日。

传统藏戏的基本内容，又在题材上不断地拓展，同时在演出风格上有所不同。西藏尼木塔荣藏戏从白面具戏改演蓝面具戏，剧目也由演《诺桑王子》一种扩大到《智美更登》《朗萨雯蚌》等多种，而在雪顿节献演时仍演白面具戏，由此兼具了白、蓝两种面具戏的表演形式。青海的黄南藏戏人物造型的手势指法和身段步法吸收了黄南寺院壁画人物的形态，并融入寺院宗教舞蹈、民间舞蹈及藏族生活素材等，形成了黄南藏戏独有的艺术风格。四川色达藏戏在安多藏戏的基础上大胆地进行革新，在藏戏中加入了景片、道具和弦乐器，改编创作了《智美更登》《卓娃桑姆》等剧目，形成了色达藏戏的特有风格。

1949年后，在国家民族政策的保护与文艺方针的指引下，藏戏有了新的发展。西藏和其他各省、自治区藏区纷纷成立了专业的歌舞团或藏剧团，藏戏内容更加丰富，艺术水平大幅提升，影响已扩大到海内外。

二、藏戏的表演形式及艺术特色

藏戏的表演形式是一种综合性的艺术形式。藏戏演员在整场演出中不需要更换服装，但需要戴面具表演。藏戏有白面具戏、蓝面具戏之分，演出者需要戴着不同的面具进行表演，观众靠颜色来区分人物，不同人物类型的面具各有特色。白、蓝面具戏在流传过程中因地域不同而形成不同的流派。各流派都具有说唱、表演、舞蹈、音乐、杂技等基本元素。

藏戏表演高度程式化，通常分为三个部分，即开场顿——祭神歌舞、雄——正戏传奇、扎西——祝福迎祥。每个部分都有特定的内容和意义，如祭神歌舞是为了向神佛祈祷和向观众传达祝福，正戏传奇是藏戏里的主要内容，而祝福迎祥则是在演出结束时进行的惯例祝愿。藏戏的主要表演剧目为传统剧目"十三大本"，经常上演的是"八大传统藏戏"，如《文成公主》《诺桑王子》等，这些节目都按上面的程式进行演出。

用说唱叙述情节是藏戏的主要表演形式，不同的人物和不同的情绪会有不同的对白、唱腔和表演方式。剧中人物对话时多采用诗歌、韵文进行表白。因人定曲，表演者的唱腔高亢、嘹亮，多为拖长腔，并有和声帮腔；有男、女、老、幼、哀、乐、悲、欢等不同格调20余种，其中长调、短调、反调、悲调、欢调为常用调；在发音上运用特殊的"脚劲""肚气"和"脑后音"等方法，显得十分激越浑厚、流畅甜润、韵味无穷。

藏戏不局限于寺庙的场地和专业的舞台。从草原、田野到城市的街区、广场，只要有藏民聚居的地方，就会有藏戏的表演（图5-6）。

图5-6　农民藏戏队表演藏戏　图片来源：新华社

三、藏戏的保护传承现状

20世纪40年代末至70年代末，藏戏都保持了传统的剧目和表演形式，影响范围主要局限于藏区。自80年代起，藏戏有了较大发展。80年代初，四川省甘孜州色达县的格萨尔研究专家和藏戏专家将《格萨尔王传》史诗移植到藏戏中，第一次以藏戏的形式演绎了格萨尔文化，开创了格萨尔藏戏的先河，色达县格萨尔藏戏团排演过格萨尔歌舞诗《天牧》。[1]青海果洛州歌舞团也创作演出了现代格萨尔藏戏《赛马称王》《辛巴和丹玛》，还有成都军区政治部原战旗歌舞团编演了由数百名演员参演的大型歌舞诗剧《格萨尔》。这些剧目创造性地传承和发展了藏戏，扩大了藏戏的传播与影响。

---

① 《小金大坪：格萨尔王藏戏》，《四川经济日报》（第五版），2019年7月30日。

自2006年被列入国家级非物质文化遗产名录以来，藏戏的保护与传承得到了国家的高度重视和大力支持。通过一系列政策和资金的保障，有效推动了藏戏的传承与保护工作，使藏戏焕发出前所未有的生机与活力。西藏自治区等地在非遗保护传承工作中，将藏戏作为重中之重，通过发挥专业院团的龙头示范作用和发展壮大基层民间队伍，有效促进了藏戏的传承与发展（图5-7）。

图5-7 演员在表演藏戏 图片来源：新华社

但随着社会的发展和科技的不断创新，可供人们选择的娱乐方式越来越多，藏戏作为藏族的传统文化不可避免地受到影响，面临着观众减少、国家专业剧团及民间剧团难以运转等困境。为了解决这些问题，西藏自治区等地在非遗保护工作中不断探索和创新，例如，借助现代科技对传统藏戏剧目进行信息化、数字化处理，系统整理、保存并通过现代媒体进行展示和传播。这些措施不仅提升了非遗文化的时代内涵和艺术价值，也取得了显著的社会效益和经济效益。同时，对传统藏戏老艺人进行了保护性抢救，通过建立藏戏学校和在民族地区艺术院校、艺术专业中开设藏戏专业以及举办藏戏传承人群普及培训班来培养藏戏新人；建立研究和创作机构改善传统藏戏内容单一、艺术表现手段滞后的不足；组织藏戏代表团参加藏区的各类文艺演出活动，并参加一些全国性的民族非遗展演活动。通过这些措施对藏戏的保护传承与发展起到了积极的推动作用。国内外媒体多次对藏戏的发展进行报道，让更多的人了解了藏戏所蕴含的藏族历史文化内涵和其作为我国国家级非物质文化遗产的重要价值。

人工智能与非遗 🔽

　　请结合"梅兰芳孪生数字人"等传统戏曲与现代科技融合的相关案例，谈谈人工智能在戏剧剧本创作、戏剧舞台表演等方面的实践运用。

延伸思考题：

　　1. 中国传统戏剧对中国戏剧史有什么样的影响？

　　2. 川剧的形成与哪些中国传统戏剧的影响有关？

　　3. 藏戏在历史演变过程中有哪些变化？

　　4. 你最喜欢的中国传统戏剧是哪一种，为什么？

　　5. 中国传统戏剧在传承上遇到了哪些困难？

第 **6** 章
传统美术

中国传统美术是由华夏各民族共同创造的年画、剪纸、雕刻、壁画、刺绣等民间工艺构成的美术作品，展示了不同地域、不同民族的文化形态、风土人情、生活观念及审美情趣。经过数千年传承，传统美术展现了中华民族的传统习俗以及审美观念的延续变迁，具有较高的艺术价值。我国传统美术底蕴深厚，表达了广大民众的心理、情感和审美价值取向，蕴含着丰富而特殊的文化价值，构成了中华民族精神文化的一个重要组成部分。有许多传统美术被列入了国家级非物质文化遗产名录，包括本章所讲的绵竹木版年画、蜀绣与羌族刺绣。

第一节　绵竹木版年画

年画是中国特有的一种民间绘画，是中国传统生活与民俗文化的缩影。全国许多地区都有年画，其中最有代表性的是江苏桃花坞木版年画、天津杨柳青木版年画、山东潍坊杨家埠木版年画、四川绵竹木版年画、朱仙镇木版年画以及佛山年画，统称为中国六大年画。其中，四川绵竹木版年画历史悠久，题材内容多为民间传说、神话故事、乡土生活等，构图夸张生动、色彩艳丽明快，具有鲜明的农耕文化特色和巴蜀民情风俗特色。2006年，绵竹木版年画被列入第一批国家级非物质文化遗产名录。

一、绵竹木版年画的发展历程

绵竹木版年画的起源与中国传统文化和民间信仰紧密相关。古代百姓相信鬼神，为了祈求神灵保佑，消灾辟邪，每逢年节就在桃木板上画神将的画像，悬于大门或寝室门两侧。这种习俗后来演变成了年画，成为一种具有地方特色的民间艺术形式。

绵竹木版年画的产生与绵竹当地盛产竹纸、绵竹艺人精于绘画雕工技艺等因素密切相关。竹纸的盛行为绵竹木版年画的制作提供了良好的物质基础，而绵竹艺人的精湛技艺则使得绵竹木版年画在民间广为流行。绵竹木版年画受到了唐代及后世的雕版艺术影响。自唐代起，距离绵竹不远的成都便是国内雕版印刷的中心之一。相传受成都雕版印刷影响，那时起绵竹民间开始尝试使用雕版印画，到宋代已开始生产木版年画。这一时期的年画作品主要是用木版印刷轮廓后进行填色。

在明清时期，绵竹民间出现了年画家庭作坊，这种家族式的传承方式一直沿袭至今。清代乾嘉年间，有规模大小不一的绵竹木版年画作坊300多户，从业人员近千人，除生产年画的门画以外，还生产了斗方、屏堂、杂条、拓片等品类的年画1000多万幅。这些产品除了销往绵竹以外的四川地区，还远销陕西、贵州、云南、湖南、湖北等多地。据《绵竹县志》记载，绵竹盛产竹纸，民间以此印制书籍、制作桃符、绘制神荼郁垒作为年节的点缀。这就是后来的"年画"。这一时期是绵竹木版年画的鼎盛时期，年画作坊和艺人数量大幅增加，年画产量相当可观，年画内容更加丰富多变，因而年画不仅在中国西南、西北地区广泛流行，还深受印度、缅甸、泰国等国家喜爱。

进入20世纪，绵竹木版年画随着时代变迁而起起落落。1949年以后，国家采取了多种措施保护和传承绵竹木版年画，使这一民间艺术得到新生。2006年，绵竹木版年画入选第一批国家级非物质文化遗产名录，并在此后得到更多的创新与发展。国家级传承人陈兴才已将绵竹木版年画技艺传承到第三代（图6-1）。

图6-1　绵竹木版年画第三代传承人在刻板　胡畔 摄

二、绵竹木版年画的传统工艺及艺术特色

在多年发展创新过程中，绵竹木版年画的内容与艺术形式一直有别于其他年画。在题材上，绵竹木版年画除保留了广大群众所喜爱的传统门神画（图6-2）和吉祥童子童女、戏曲人物等图案以外，还增加了山水风光、现代人物、现实生活场景等许多与现代乡土生活有关的题材。绵竹木版年画的艺术特色主要包括独特的制作工艺、鲜明的艺术风格、丰富的题材内容以及独特的色彩运用。

绵竹木版年画以木版刻印和手工彩绘为特色，在用纸、用笔、用色上别具一格。传统上使用粉笺纸和鸳鸯笔（特制扁笔，一半蘸色、一半蘸水），颜色多用矿物色和民间染料加胶矾调制而成，主色有佛青、桃红、猩红、草绿等。整体来看，绵竹木版年画的设色单纯艳丽、强烈明快，形成红火、热烈的艺术效果。制作绵竹木版年画包括起稿、刻版、印墨、施彩、盖花等工序，构图丰富夸张、色彩鲜艳明快，具有鲜明的农耕文化特色。

绵竹木版年画还采用了多种独特的技法，例如"鸳鸯笔技法"和"填水脚"等。"鸳鸯笔技法"是指一半蘸色、一半蘸水，在画稿上形成均匀过渡的效果。"填水脚"则是绵竹木版年画彩绘中的一种独创技法，用于快速完成大量的年画彩绘。这样的年画色彩鲜艳、对比强烈，线条洗练流畅、刚柔结合、疏密相宜，构图对称、完整、饱满，主次分明，多样统一，充分反映了巴蜀民众勤劳朴实、热爱生活、乐观向上的精神风貌。

图6-2　农家院门上的绵竹木版年画　胡畔　摄

三、绵竹木版年画的保护传承现状

绵竹木版年画是反映民间生活和民众愿望的大众艺术，因而长期以来深受普通民众特别是农村民众的喜爱，有着广泛而良好的传承基础。在绵竹木版年画被认定为国家级非物质文化遗产以后，当地政府给予了更大力度的保护，促进了其传承与创新。

1996年，绵竹建成绵竹年画博物馆，其规模和功能为当时我国年画专业博物馆之最。馆内的艺术家和画师致力于年画艺术品的创新，相继探索和创新了"刺绣年画""木雕年画""石雕年画""年画挂历""年画门卷"等艺术形式。这些新型年画的产生为传统年画注入了活力，拓展了年画艺术形式，一经问世就在海内外产生了强烈反响。其中刺绣年画《赵公镇宅》荣获第五届中国艺术节金奖。年画行业首部地方性法规《德阳市绵竹年画保护条例》自2020年1月1日起施行，为绵竹年画的抢救、保护、利用和传承构建起法律制度体系，全市有400余个年画作品进行了版权登记保护，申报了18件年画制作技艺专利，注册了12个年画商标。

绵竹市持续培育年画人才队伍，常年开设年画培训班，邀请国家级、省级年画传承人及省内外专家学者对学员进行免费培训和分类辅导；组织编撰《绵竹年画》校本教材，培训年画师资，设置年画课程，积极推进"年画文化进校园"活动，与高校建立合作关系，提升年画理论研究和艺术水平。绵竹已构建起国家级、省级、市级、县级四级年画人才传承机制，拥有国家级代表性传承人2人、省级2人、市级15人、县级15人（根据绵竹市人民政府网2023年数据）。

为推进绵竹木版年画的活态传承，当地政府和有关文化部门将绵竹木版年画作为重要的文旅产品推向市场，既为乡村带来了经济效益，又拓展了绵竹木版年画的传播范围和影响面。同时，绵竹木版年画还用于特色景区建设，通过在居民住房外墙上绘制年画等方式营造具有当地特色的文化氛围，助力城乡精神文明建设（图6-3）。近年来，当地社会机构和民间作坊还多次举办了绵竹木版年画全国巡展活动，国内媒体对此进行了大力报道，使绵竹木版年画的影响更为广泛，也为其保护传承提供了有利条件。

图6-3　乡村农舍墙上的绵竹木版年画　胡畔 摄

第二节　蜀绣

蜀绣与苏绣、湘绣、粤绣并称中国四大名绣。蜀绣起源于川西民间，历史悠久，可追溯到三星堆文明时期，以四川省成都地区为中心，分为川西和川东（今重庆）两大流派。蜀绣以软缎、彩丝为主要原料，采用精湛细腻的针法在丝绸或其他织物上绣出精美的花纹图案。蜀绣的发展与蜀地的自然生态、历史渊源、文化内涵紧密相关。它不仅是一种精湛的手工技艺，还是中国传统美术文化的重要组成部分，是最古老的绘画和刺绣的结合形式之一。蜀绣与蜀锦并称为"蜀中瑰宝"，其精湛的技艺和丰富的文化内涵使蜀绣成为中国非物质文化遗产的代表之一，于2006年被列入国家级非物质文化遗产名录。

一、蜀绣的发展历程

蜀绣发源地川西地区古称"蜀"。"蜀"字的字形来源和蚕有关。蜀绣最早可追溯到约3000年前的古蜀时期，当时的蜀地先民除了农耕还开始养蚕织丝。三星堆出土的文物中就发现有丝织品的残片。蜀绣的发展与当地优越的地理环境有关：蜀地水利资源丰富、土地肥沃，不仅适合种植水稻，也适合种桑养蚕，为制作丝绸和蜀绣提供了优质的原材料。此外，蜀地优越的农业生产环境和浓郁的历史文化氛围为蜀绣的产生提供了有利条件，蜀绣得以逐渐发展起来。

最初的蜀绣是在绢帛上绣出花鸟鱼虫等图案，用于装饰和祭祀。春秋时期，蜀地开始把丝织品、麻织品运往秦国都城雍进行贸易。三国时期，蜀国的丝织品成为当地的经济支柱，常用于交换北方的战马或其他物资。两晋时期，刺绣品发展成为蜀地特产。至汉代，蜀绣成为王公贵族喜爱的奢侈品，朝廷在成都设置锦官管理织锦业，开设官方作坊专门生产蜀绣和蜀锦，因此成都被称为锦官城，也成为南方丝绸之路的起点。西汉扬雄《蜀都赋》里描述了在成都随处可见锦绣织造的情景，惊叹"若挥锦布绣，望芒芒兮无幅"，并写下了赞美蜀绣技艺的诗歌《绣补》。《后汉书》记载了西汉末期蜀地"女工之业，覆衣天下"的景象。汉末三国时，蜀锦和蜀绣驰名天下，作为珍稀而昂贵的丝织品，蜀国经常用它交换北方的战马或其他物资。晋常璩《华阳国志》详载蜀地宝物，将锦绣与金银珠玉同列。隋唐后，随着丝绸之路的贸易往来，织绣品需求剧增，蜀绣得以迅速发展，进入巅峰时期（图6-4）。五代十国时期，四川偏安一隅的稳定社会环境为蜀绣的传承创造了有利条件，使蜀绣业得以保存并发展。至宋代，蜀绣已享誉华夏，文献称蜀绣技法"穷工极巧"。据有关资料记载，清代中叶以后，蜀地官府为振兴实业专设劝工局，劝工局下设刺绣科，专门管理蜀绣的生产和销售。蜀绣中不少精品被指定为皇室贡品，优秀的艺人还被授予"五品同知衔"的称谓，极大地鼓励了蜀绣的生产和制作。随着蜀绣行会的成立，成都的蜀绣店铺、作坊多达数十家，从业绣工达千余人，并开始由专业设计师设计刺绣产品，产品逐渐划分为穿货、戏衣、灯彩3个行业。清末至民国初年，蜀绣在国际上享有很高的声誉，于1915年在巴拿马太平洋

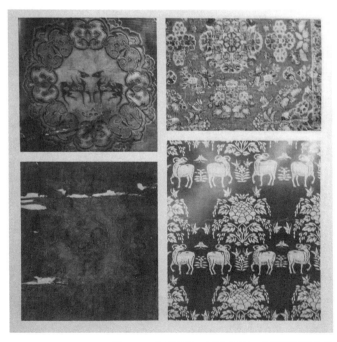

图6-4　唐代蜀绣　图片来源：成都蜀绣博物馆

万国博览会中荣获金奖。城乡妇女闲时多自绣鞋帽、枕套、头巾甚至帐帏、被面等，操练极精者即成高手。民国期间，四川民间又出现了许多专业刺绣人员和小型刺绣作坊，成都有刺绣从业人员1000多人，店铺60余家。①蜀绣虽然不再绣制朝衣和贡品，但绣制日用品的范围却越来越广，几乎包括人们日常生活的方方面面，小到幼儿的披衫、鞋帽，大到结婚时的床上用品、室内装饰品及馈赠酬酢用品。

1949年后，蜀绣遍布四川民间。20世纪70年代末，川西农村几乎是"家家女红，户户针工"，刺绣从业人员达四五千人之多，不少作品成为当时外贸出口的紧俏物资。②21世纪初，蜀绣以全新的姿态回到人们视线内，与科技、时尚、艺术等现代产业进行跨界融合，在针法上不断创新，结合传统工艺与现代工艺创造出更多适合现代审美需求的针法，使绣品更加生动逼真；同时在材料选择上也不断创新，选用各种新型材料如丝绸、麻布、绒布等，对材料进行染色、印花等特殊加工，使材料表现力得到提升、品质和价值得到提高。许多蜀绣精品名扬中外，赢得了前所未有的声誉。

二、蜀绣的传统工艺及艺术特色

巴蜀地区悠久的历史传统和深厚的文化底蕴，以及现代人丰富的生活内容和多元的审美观念为蜀绣的创新和发展提供了源源不断的灵感。蜀绣的针法丰富多变，每种针法都有独特的表现效果，为绣品带来丰富的层次感和优良的质感。蜀绣的工艺与艺术特色反映了古代蜀地文化的辉煌和智慧，是研究中国工艺美术史和文化史的重要资料。

传统蜀绣的题材主要是象征吉祥的花草虫鱼，而当代蜀绣的题材更为丰富，在传统题材的基础上增加了飞禽走兽、山水园林、古今人物及现代生活物件等图案。蜀绣绣品采用绸、缎、绢、纱、绉作为面料，并根据绣物的需要选择不同的制作程序、配色和用线。蜀绣对丝线的质量要求非常高，选用四川质地最上乘的桑蚕丝线进行传统工艺染色，然后再根据图案的不同有选择地使用。工艺要求也十分严格，按照纯手工设计、勾稿、上

---

①② 《蜀绣》，四川省情网，2024年6月15日。

绷、配线、刺绣、检验等工艺程序进行制作。蜀绣日用品、工艺品绣好后，还要进行装裱加工。

蜀绣绣法灵活、适应力强，针法种类繁多，包括12大类122种，常用的有晕针、木石木针、铺针、滚针、截针、掺针、沙针、盖针、平针、虚实针等。不同的针法表现出不同的艺术效果，例如，晕针用以表现绣品的质感，体现绣品的光影色彩，使绣品层次分明、形态逼真。综合运用各种运针技法，以针代笔，以线作墨，绣出来的花纹线条流畅、色调自然、虚实相宜、质感突出。蜀绣具有针法严谨、针脚平齐、变化丰富、生动立体等特点，富有表现力和艺术效果，形成了独特的艺术风格，展现了极高的艺术价值。尤其是蜀绣双面绣中的双面同形同色绣（图6-5）、双面同形异色绣以及双面异形异色绣的独特技艺，堪称艺术绝技。这类作品在一幅丝帛的正反两面同时运针，绣出的画面具有相同的形象和相同的色彩、相同的形象和不同的色彩或不同的形象和不同的色彩，正反两幅画面互不相扰，独立成画，栩栩如生。这种技艺被誉为"刺绣的最高境界"，让人叹为观止。

图6-5　蜀绣双面同形同色绣　胡畔 摄

三、蜀绣的保护传承现状

千百年来，因社会变革和经济荣衰等因素蜀绣曾面临过难以为继的困境，又因自身杰出的工艺、深厚的底蕴和强大的影响力得以持续传承。蜀绣在被列为国家级非物质文化遗产后，获得了新的发展机遇。在国家政策的鼓励和支持下，地方政府和相关部门制定了一系列政策文件，如《四川省传统工艺振兴实施计划》以及《关于进一步加强非物质文化遗产保护工作的意见》等，专门对蜀绣保护和传承以及活态发展提出了具有针对性的措施。

蜀绣在历史变迁中不断探索创新发展方式，例如图案创新、技艺改革以及传承发展模式的多元化探索。20世纪50年代初，四川设立了成都蜀绣厂，推动蜀绣工艺步入了一个新的发展阶段，例如发明了表现动物皮毛质感的"交叉针"、表现人物发髻的"螺旋针"、表现鲤鱼鳞片的"虚实覆盖针"等，极大丰富了蜀绣的技艺形式和艺术风格。在蜀绣的传统生产区域，尤其是成都周边的安庆、犀浦等农村的妇女和年轻姑娘传承着祖辈的蜀绣工艺，一到农闲时节就在各自的家里或庭院制作传统题材的蜀绣，绣品多为日常生活用品，包括被面、枕套、头巾、手巾等。这些绣品体现了川西农村浓厚的生活气息和地方文化特色。20世纪80年代至今，成都、重庆及其他蜀绣传统生产区域均出现了许多民间作坊和蜀绣绣娘。有的地方还专门成立了蜀绣公司，以企业化、规模化的方式扩大蜀绣生产平台，训练培养更多的新人学习和掌握蜀绣技艺，参与蜀绣生产。随着人们对传统文化的热爱和对蜀绣的认识不断提高，蜀绣的市场需求也在逐渐增加，为当地经济发展注入了新的活力。蜀绣作为中国传统刺绣艺术的重要代表之一，在国际贸易与文化交流中发挥了重要作用。通过展示和销售蜀绣作品，增进了国际友人对中国传统艺术的认知，促进了中外文化的交流与融合。2006年四川成都蜀绣被列入第一批国家级非物质文化遗产名录。2008年重庆渝中区蜀绣入选第一批国家级非物质文化遗产扩展项目名录。2012年蜀绣被正式批准为国家地理标志产品。2020年蜀绣入选中欧地理标志第二批保护名单。蜀绣因其精湛的工艺和艺术特色荣获了中国工艺美术百花奖银奖。

为进一步保护和传承蜀绣，让蜀绣在新时代得以稳定而持久地发展，蜀绣流传地域的政府及相关文化部门、社会研究机构与民间蜀绣生产企业十分注重蜀绣产品的创新与活态发展，在保留传统题材的基础上不断开发具有现代生活气息和审美特点的新产品。同时还注重加强对蜀绣的宣传，成都蜀绣博物馆、重庆蜀绣艺术陈列馆不仅对全社会开放展出，还与政府文化部门、宣传教育部门、新闻单位以及学校共同建立了青少年非遗传承教育基地，吸引了大量的民众前往参观和学习体验（图6-6）。许多媒体对蜀绣进行了报道，使蜀绣在国内外的影响更为广泛。

图6-6　青年在学习传统手工蜀绣　胡畔 摄

第三节　羌族刺绣

羌族是一个古老的民族，在其悠久的历史中创造了许多民间艺术，其中的羌族刺绣（也称羌绣）是最具民族特色的民间艺术种类之一。羌绣是一种流布于四川省汶川县、北川县以及陕西省等地羌族聚居区的民间传统刺绣艺术，也是国家级非物质文化遗产之一。它反映了羌族人民的艺术创造力，蕴含着羌族人民的思想智慧、生活情感、审美情趣，同时也是羌族历史文化的重要载体，在众多优秀的中国民间传统手工艺中占据特殊的地位。21世纪以来，羌绣传统工艺与现代工艺、审美元素相互融合得以创新发展。2008年羌绣被列入国家级非物质文化遗产名录。此后其保护传承和发展工作取得了显著的成效，在国内外产生了广泛的影响。

一、羌族刺绣的发展历程

羌绣的产生主要与羌族社会生活的变迁、农耕文明的影响以及纺织技术的发展密切相关。羌族先民在历史上主要聚居在西北地区，由于战争及自然灾害等原因从先秦至隋唐期间有过多次大的迁徙。在宋代以前主要过着"逐水草而居"的生活，宋代以后部分羌族开始从甘青河湟地区迁徙到岷江河谷地区，与当地原有的土著羌民融合定居。他们的后代至今分布在四川省岷江河谷地区，包括茂县、汶川县、理县、松潘县、黑水县和北川县等地。从游牧到农耕与游牧并存的转变，以及汉文化及刺绣技艺的影响，为羌绣的产生和发展创造了必要的条件。

宋元以后，受汉族文化和纺织技术的影响，羌族地区开始大量种植棉麻。这成为羌族人主要的服装面料。早期羌绣就是在这种棉麻底片上绣制而成的，这为后来的羌绣奠定了刺绣基础。到了明清时期，刺绣开始在羌族地区的普通家庭流行。勤劳的羌族妇女大多善于拧线织布和挑针绣线，在长期的刺绣实践中共同创造出了民众喜闻乐见的刺绣图案，主要是羌族民众喜爱的花卉瓜果、飞禽走兽和吉祥符号，并用于衣裙、鞋子、头帕等服饰。羌绣图案及手工技艺在世代传递中得以分享交流，用以装饰打扮自己和美化日常生活（图6-7）。

图6-7　羌族乡村妇女在刺绣　胡畔 摄

从明清至20世纪末，羌族聚居地区一直保持着传统的羌绣工艺和羌族服饰技艺。所有羌族地区的羌绣都停留在日常生活用品的制作上，影响局限在本民族生活的区域。2008年汶川大地震以后，国家及当地政府不仅对民众的生活作了妥善安排，迅速开展了灾后重建民生工程，同时还对抢救保护羌族文化遗产给予了大力支持和保障。同年，羌绣被列入国家级非物质文化遗产名录。这不仅使羌绣得到重新发展的机遇，还使其成为当地文旅开发的特色民族文化产品，给当地带来了社会效益和经济效益。

随着羌绣传承人和羌文化品牌的实践和推介，羌绣的影响逐渐从羌族聚居地区扩大到国内外。诸如爱马仕、欧莱雅、植村秀、星巴克等国际知名品牌都青睐羌绣的图案和色彩设计，与羌绣非遗艺术工坊建立了合作关系。羌绣传承人立足当代市场需求，结合现代时尚理念，拓展了羌绣产品的传统色彩搭配、图案纹样应用场景，将羌绣独特的符号标识运用到当代人日常生活的各个领域，为文化艺术创作提供了多元的文化元素和创意灵感。

二、羌族刺绣的传统工艺及艺术特色

传统羌绣主要取材于大自然和人们的日常生活。变化多姿的云彩、花草虫鱼、飞禽走兽以及羌族先民用以表达崇尚自然万物的象征符形成了羌绣中的植物纹样、动物纹样及字符纹样。不同的图案象征着不同的文化意义，例如白石、羊头象征着羌人的图腾，云朵、鱼、龙等象征着吉祥，蝙蝠象征着幸福，牡丹、大丽花象征着欢乐，羊角花象征着爱情，瓜果粮食象征着丰收，鸟巢象征着喜庆，狮子象征着勇敢等等。这些象征性图案表达着人们热爱自然、热爱家乡的情怀和向往美好生活的愿望。羌绣的色彩自然生动、鲜艳夺目，以蓝色、绿色、红色、白色为主，还配合使用玫红、橙黄、明黄、绚绿、钴蓝等多种色彩。底色以黑色、白色为主，根据不同的题材纹样选择不同的配色。羌绣以高纯度色彩的丝线展现出图案的自然纯粹与鲜艳亮丽，为羌族的传统服饰增添了独特的视觉魅力。在制作技艺上，羌绣针法灵活多样，以精巧细致的架花（挑花）为主，还有织字（提花）、纳花（扎花）、撇花（平绣花）、勾花（链子扣）等多种针法。这些针法多运用于传统羌绣制品，如花围腰和云云鞋等，所绣图案构图严谨、织法匀整，富有立体感，装饰性很强。这些图案不仅展现了羌族人民的基本生活方式，也记录了一个古老民族文化生命的演变过程。现代羌绣集艺术价值与实用价值于一体，在劳动实践与生活追求中不断改进和完善。羌绣普遍用于服饰领口、托肩、吊边、脚边、头帕、衣袖、衣襟、坎肩、腰带、裹肚、鞋面等处，以及围腰、挎包、肚袋、花垫、扎花桌布和各式挂件、摆件等，具有浓郁的生活气息和极强的装饰性。图案多以绚丽多彩的自然物象纹样或几何图形构成，既有非常浓郁的民族传统风格，也体现出现代人的审美取向（图6-8）。

图6-8　羌族妇女穿着的精美羌绣服装　胡畔 摄

三、羌族刺绣的保护传承现状

羌绣不仅装饰了羌族的服饰和生活用品，也是华夏民族民间工艺中一个有独特文化象征意义的种类。羌绣在其漫长的传承过程中保持了独特的民族风格，为民族记录了特殊的集体记忆和珍贵的文化遗产。羌绣被列入国家级非物质文化遗产名录以后，当地政府和相关部门高度重视羌绣的保护传承和发展工作，并制定了一系列措施。

在汶川大地震灾后重建的过程中，当地政府举办羌绣培训班、建立羌绣合作社，以"企业+合作社+农户"的方式带动了3000多名受灾失地的妇女走上就业岗位。这不仅减轻了她们的经济负担，还让羌绣得以活态传承发展，形成了规模生产效应，实现了良好的生产性保护。

当地政府通过设立专项资金以及建立羌绣传承人制度为羌绣的保护传承提供了有力的资金支持和政策保障。长期以来，当地政府积极推动羌绣产业的发展，文化和旅游部非物质文化遗产司、四川省文化和旅游厅、西南民族大学等单位联合举办了多届羌族刺绣非遗传承人普及培训班。此外，社会组织、民间非遗团体也持续举办羌绣培训班，培养了数以千计的羌绣绣娘，其中有许多人开办了羌绣家庭作坊，甚至有的人还走向城市开办了较大规模的生产作坊，把保护传承羌族刺绣文化与开发利用结合起来，不断生产出传统工艺与现代工艺相结合的优秀羌绣作品（图6-9）。这改变了既往羌绣以"母教女"式的家庭教授模式为主的传承方式，许多女性选择跟随羌绣传承人或参加培训班学艺。随着时代发展，羌绣开启了市场化、产业化的进程，从业人员也呈现出职业化发展趋势。据媒体报道，仅四川省北川县通过组织各级各类培训就培养出12000余名合格绣娘，羌绣成为北川羌族儿女灵活就业增收的重要渠道。①

陕西省宁强县是羌族聚居地，这里的羌族文化生态保护区于2023年入选国家级文化生态保护区。为了保护传承羌族刺绣，推动地方经济发展和文化繁荣，宁强县改建原有羌绣基地建立了羌绣非遗文化产业园。产业园以社区工厂为主进行现代化羌绣生产，与中央民族大学、北京服装学院等6所高校合作建立了集非遗展示、技艺传承、产品研发、民俗体验、培训交流和展览收藏等功能于一体的科研工作站。近年来，宁强县积极推动羌绣保护、传承与发展，大力实施绣娘培训计划，形成"公司+传习基地""公司+工厂""公司+合作社"3种合作模式和集中型、分散型2种就业方式，带动大批当地妇女从事羌绣产业。目前，全县已建立了11个羌绣基地，培训

---

① 《羌绣旗袍文化艺术节 北川绣娘演绎中华工匠精神》，搜狐，2016年5月7日。

绣娘2000余人，对当地的羌绣传承发展起到了很好的推动作用。①

图6-9 羌族女青年在制作羌绣 图片来源：光明网

为了扩大羌绣的影响，四川省汶川县、北川县等地政府和文化部门通过建立羌绣博物馆、举办羌绣文化讲座向广大民众介绍羌绣的发展历史、制作工艺和展示各类羌绣作品，使民众了解羌绣的民族文化意义和审美价值。通过参加成都国际非遗艺术节、中国非物质文化遗产传统技艺大展、举办羌绣文化节、巡展等方式，羌绣工艺制作的丰富多彩且具有鲜明民族特色的服饰和日常装饰用品得到了很好的宣传和展示。特别是中国北川"凤熙阁"羌绣旗袍文化艺术节上展示的羌绣旗袍，让人们看到了羌绣为了适应时代审美需求而展现的创意。在这次艺术节上，中华旗袍总会、各地旗袍分会汇聚了20支队伍的300多名佳丽身穿羌绣旗袍惊艳登场，向人们展示了传统民间刺绣艺术与现代工艺结合产生的艺术魅力，为带动民族地区经济发展、促进民族文化品牌的推广作出了有益探索。②羌绣的各类宣传活动促进了羌绣的保护传承和活态发展，使羌绣在国内外的知名度和影响力大幅提升。

---

① 《陕西宁强羌绣非遗文化产业园开园》，陕西省人民政府网，2023年11月27日。
② 《羌绣旗袍文化艺术节 北川绣娘演绎中华工匠精神》，搜狐，2016年5月7日。

人工智能与非遗 ⬇

请利用人工智能工具查阅我国民族刺绣在国际国内的服饰、文创产品方面的开发利用情况，撰写一份调查报告，为刺绣类非遗项目的进一步开发利用提出相关建议。

延伸思考题：

1. 中国传统美术对中国现代美术有什么影响？

2. 绵竹木版年画与天津杨柳青木版年画在题材和艺术风格上有哪些不同？

3. 蜀绣与苏绣在制作工艺和艺术风格上有哪些不同？

4. 羌族刺绣所体现的民族特色是什么？

5. 中国的绣品与西方的绣品在题材和工艺上有哪些区别？

6. 中国传统美术种类很多，你喜欢哪一种，为什么？

第 7 章
传统技艺

　　中国传统技艺中的白族扎染技艺、苗族蜡染技艺、彝族漆器髹饰技艺是各具代表性的民间工艺，均被列为国家级非物质文化遗产。它们都是具有完整且特殊的工艺流程、采用天然材料制作、呈现鲜明民族风格和地方特色的工艺品种和技艺，体现了不同民族的集体智慧和创造力，构成了中国传统文化的重要组成部分。这些传统技艺各自蕴含了其所属民族的生活习性、民情风俗与审美情趣，体现出各民族的文化传统和价值取向，不仅在漫长的岁月中美化了当地民众的生活，还为地方经济发展和文明进步作出了不可替代的贡献。随着时代的发展，这些传统技艺有了新的创新和发展，其影响已逐渐扩大到全国各地，受到人们的普遍欢迎。

第一节　白族扎染技艺

　　扎染古称"绞缬"，是我国的一种古老的纺织品染色技艺，至今已有2000多年的历史。"绞缬"技艺大约在汉代传到云南，并在发展过程中受到多民族传统印染技艺的影响。扎染主要产生和流行于云南省大理白族自治州，被大理人称为"疙瘩花布""疙瘩花"，染布者多为白族，又被称为"大理扎染""白族扎染"。大理白族自治州大理市周城村以及巍山彝族回族自治县的大仓、庙街等地至今仍保留着传统扎染技艺，其中以周城白族扎染最为著名，故周城拥有"白族扎染艺术之乡"的美誉。2006年，大理白族扎染技艺被列入国家级非物质文化遗产名录。

一、白族扎染技艺的发展历程

扎染最早起源于战国时期，为秦国首创，汉代以后传到云南。白族扎染的历史可以追溯到东汉时期，是中国历史悠久、独具特色的纺织染色工艺之一。据《云南省志·文化志》记载，东汉时期大理地区就有染织之法。《大理白族自治州州志》记载，白族先民在与其他民族交往交流中学到扎染技艺，通过历代发展逐渐形成具有自己民族特点和地方特色的民间手工艺，因主产地大理的染布者多为白族，故称"白族扎染"。这种传统工艺在民间素有"疙瘩染"之称，通过在白布上印上设计好的花纹图样，然后用针线将"花"的部分重叠或撮绞缝紧形成"疙瘩"状，经过反复浸染后，拆开色泽未渍的"疙瘩"即成各种花形，成品为蓝底或青底白花，清新素雅，韵味独特。

从东汉到魏晋南北朝，扎染的操作技艺和题材图案不断完善与丰富，有了更高水平的扎染服饰、日常生活用品和装饰品。唐贞元十六年（800年），南诏舞队到长安献艺《南诏奉圣乐》，其中舞者所穿的裙襦上画有鸟兽草木，饰以八彩杂花，象征万物繁茂，即为扎染而成（图7-1）。

图7-1 白族扎染之乡喜洲的扎染作品 胡畔 摄

到明清时期，洱海一带的白族地区已有许多人从事家庭扎染并形成扎染行业，出现了染布行会。明朝洱海卫红的扎染布、清代喜洲的扎染布和大理的扎染布都是行销四方的知名产品。到了民国时期，扎染已成为一种普遍的民间工艺，以大理喜洲镇周城村为中心的白族染织业继续发展，形成了"家家有染缸，户户出扎染"的盛况，当地的扎染产品远近闻名。

1949年后，白族扎染得到了进一步的传承和发展。1996年喜洲镇周城村被国家文化部命名为"白族扎染艺术之乡"。白族扎染有了更好的发展条件，在图案艺术、古代结扎技法和现代印染工艺相结合的基础上不断推陈出新，创造出彩色扎染等新工艺。扎染市场也在不断扩大。民间扎染工艺逐步走向产业化，所创工艺产品有数百种之多，行销国内外。2006年，云南大理白族扎染技艺被列入国家级非物质文化遗产名录。此后白族扎染获得了更好的保护传承条件，加快了创新发展速度，在国内外产生了更广泛的影响。

二、白族扎染技艺的传统工艺特色

白族扎染被称为"不用针线的刺绣，不经纺织的彩锦"。它的图案内容主要包括象征祥和美好寓意的花草植物、鸟兽鱼虫等，以及通过扎染形成的各种自然色状图案。这些图案纹样充满生动的自然韵味和浓郁的生活气息，蕴含着白族的历史文化传统，折射出白族的民情风俗与审美情趣。

传统的白族扎染以蓝白两色为主。将棉白布或棉麻混纺白布用针线缝扎出图案后，浸入从板蓝根提取的汁液中，经浸泡、蒸煮、晒干、拆线后，一块蓝白颜色交织的白族扎染便呈现在人们眼前。白族扎染的传统工艺要求严格，十分细致，主要按以下程序和步骤进行。

第一个步骤是画刷图案和扎花。根据图案纹样或想要得到的渲染效果先在布料上通过撮皱、折叠、挤揪等方式形成一定的形状，然后用针线缝严扎紧成一串串"疙瘩"。白族扎染扎的针法多种多样，包括撮、绉、捆、缠、绕、折、叠、缝、挑等。在同一块布料上的扎花针法也是多样的。不同的纹样要用不同的针法，准确把握扎缝时宽、窄、松、紧、疏、密的差异，促成染色的深浅不一，产生不同的纹样效果。

第二个步骤是浸泡。扎花完成后，将形成的"疙瘩"放入染缸中用板蓝根等植物染料反复浸泡染色。为了取得好的上色效果，染色需要反复多次进行，有时一匹布料的染色需要几天才能完成。

第三个步骤是漂晾。浸染完成后，将布料从染缸中捞出放在专用竹架上晾干，然后放入清水中漂去多余的染料并再次将布料晾干。通过这样的处理，扎染布保留了预期的色彩和图案效果。

第四个步骤是拆线。浸染晾干后将缝线拆除，展现出被染的布料和图案。被缠缝的"疙瘩"里未受色的部分称为"花"，其余染色的部分称为"地"。再次经过浸水、晾干、抚平便能成功获得有独特图案和色彩效果的完整作品（图7-2）。

图7-2　白族扎染的花鸟作品　胡畔　摄

随着现代扎染工艺技术的发展和人们审美情趣的多元化，白族扎染的题材和风格也有所更新。扎染手工艺人将传统结扎技法和现代印染工艺相结合，创造了新的彩色扎染手工印染技术，突破了传统单色扎染色调的局限，创造出色彩斑斓的现代作品。由于特殊植物染料的使用，白族扎染产品鲜艳的色彩永不褪色，而且对皮肤有消炎保健作用，避免了现代化学染料对人体健康的危害。白族扎染技艺最独特之处在于以特殊的手工针缝扎染形成多层次的自然晕纹，显得古朴典雅、大方庄重而神秘十足，表现出强烈的艺术感染力。

三、白族扎染技艺的保护传承现状

白族扎染技艺自诞生以来在云南大理流布地区长期传承，并在不同时代都有所发展，受到白族及其他民族的喜爱。特别是被列为国家级非物质文化遗产后，白族扎染得到了发展新机遇，有了更广泛的知名度。随着经济文化发展和非遗产业的兴盛，大理周城的扎染店遍布大街小巷，成为当地的一大特色。扎染的精湛技艺和卓越品质使其成为大理重要的文旅商品之一，在现代社会中焕发出新的活力和价值。

为了使白族扎染技艺得到可持续传承和创造性的活态发展，当地政府和相关文化部门以及民间非遗组织作出了许多努力，通过建立传承人培训班培养新一代传人，建立博物馆，举办文艺演出、白族服饰展演，将家庭式扎染作坊升级为集生产、展示、参观、体验为一体的非遗宣传现场，联合高校、社会团体共同研发扎染新技术和新的工艺产品等方式为白族扎染拓展了发展平台（图7-3）。2023年，云南省民族民间工艺品龙头企业大理市璞真白族扎染有限公司被文化和旅游部列入"2023—2025年国家级非物质文化遗产生产性保护示范基地名单"。这将带动大理以及云南其他地区白族扎染企业共同发展，进一步增强白族扎染的传承活力，让白族扎染获得更好的社会效益和经济效益。

白族扎染现已在传统产品基础上开发出了许多新产品，特别是喜洲白族妇女在图案艺术、古代结扎技法和现代印染工艺相结合的基础上推陈出新，开发出彩色扎染这种新的手工印染技术。随着市场需求扩大，白族扎染的图案也越来越新颖和多样化，具有传统风格和现代题材工艺的品种达数百之多，衍生出扎染衣裙、扎染提包、扎染帽、扎染玩具以及室内外扎染装饰品等丰富多样的工艺品。这些产品不仅在大理畅销，在全国各地都深受顾客喜爱。

　　白族扎染在传承和创新中焕发新机，不仅展示了自身的独特魅力，也体现了各民族优秀传统文化的丰富内涵。

图7-3　白族传统扎染的传承　图片来源：云南省人民政府网

第二节　苗族蜡染技艺

　　蜡染，是我国民间传统纺织印染手工艺，古称"蜡缬"，与绞缬（扎染）、灰缬（镂空印花）、夹缬（夹染）并称为我国古代四大印花技艺。在秦汉时期，苗族就开始使用蜡染工艺制作服饰和生活装饰品。蜡染的传播分布于贵州省、四川省、云南省等苗族聚居地，是各地苗族世世代代传承的民族工艺。苗族蜡染因其特殊的图案纹样、上色材料、工艺流程和民族风格成为我国民间一种具有民族特色的印染工艺。苗族蜡染在苗语中称为"务图"，意为"蜡染服"。随着现代苗族蜡染工艺品的传播，苗族蜡染赢得国内越来越多民众的喜爱，并逐渐传播到国外。2006年，丹寨苗族蜡染被列入我国第一批国家级非物质文化遗产名录。2011年，珙县苗族蜡染技艺被列入第三批国家级非物质文化遗产名录。2021年织金苗族蜡染被列入第五批国家级非物质文化遗产名录扩展项目名录。

一、苗族蜡染技艺的发展历程

苗族蜡染技艺的产生可追溯到2000多年前的秦汉时期。当时的苗族先民受到民间蜡缬工艺的影响开始掌握蜡染技术，并在苗族中逐渐流传开来。在宋、元、明、清等时期，蜡染成为苗族人民日常生活中不可或缺的一部分。到了民国年间，蜡染在贵州、云南、湖南、四川、海南等地的苗族中盛行起来。

蜡染图案丰富、色彩古朴素雅，民族风格独特，深受苗族地区民众的喜爱。在苗族蜡染中最具代表性的是贵州丹寨苗族的蜡染。这里的蜡染工艺历史悠久，技艺与工艺品都有突出的特色。其他地区的苗族蜡染也在世代传承中形成了各自的工艺特色。苗族妇女在民间自织的本色土布上绘制蜡染，使用蜂蜡和白蜡作为防染剂，采用靛蓝作为着色剂，通过绘图、涂蜡、染色、脱蜡、漂洗等工序完成蜡染的制作（图7-4）。

按照各地苗族习俗，许多母亲都会教自己的女儿制作蜡染，因此苗族大部分的女性都会蜡染技艺。在部分苗族地区，蜡染的传承和制作不仅限于女性，还有男性参与。

苗族蜡染不仅是一种民间工艺，还反映了苗族人民对祖先的崇拜、对自然的敬畏以及对生命繁衍的期盼。在苗族文化中，蜡染被用于日常生活及各种民俗活动中，例如蜡染的服饰、被面、垫单等，甚至在丧葬时用蜡染布做殉葬衣，显示了其深厚的文化意义和民族特色。随着时代的发展，各民族文化不断交融，汉族图案以各种方式影响着苗族蜡染。例如具有汉文化内涵的龙凤纹、蝙蝠纹、寿字纹、万字纹以及当代人物肖像、建筑及文化现象等都成为苗族蜡染的图案题材。在新的历史条件下，各苗族聚居地的蜡染技艺得到了进一步的传承和发展，特别是贵州地区的蜡染技艺有了长足的发展，并在海内外产生了较大的影响。

图7-4　传统的蜡染技艺　图片来源：黔东南州文体广电旅游局

二、苗族蜡染技艺的传统工艺特色

传统苗族蜡染图案的基本色彩为蓝白两色，表达了苗族民众对大自然和生活的乐观态度，反映出他们世世代代积累的智慧。传统蜡染纹样的种类繁多，有蝴蝶纹、鱼鸟纹、龙纹、花草植物纹、星辰山川纹、铜鼓纹、漩涡纹、水波纹等。这些纹样呈现的内容多来自大自然和苗族历史文化及劳动生活。例如，蝴蝶纹被认为是生殖和美的化身，象征着对生命和美的歌颂；鸟纹被视为崇拜祖先和繁衍后代的象征；鱼纹象征着夫妻恩爱和男女平等，同时也承载着对生命繁衍的期盼；龙纹用于表现友爱祥和之意；花草纹、水波纹等几何纹样寓意着对祖先和民族历史的追忆怀念。这些图案不仅展现了苗族人民对大自然的热爱和崇拜，反映了他们的生活哲学和文化传统，还折射出我国多民族在历史发展中长期交往交流交融所产生的影响。

传统苗族蜡染的制作工艺有别于民间其他印染技艺，在民间自织的本色土布上绘制图案后，以蜂蜡、黄蜡和白蜡作为防染剂、以蓝靛草泡制成的蓝靛液作为染料进行印染。其制作过程包括绘图、染色、漂洗、晾干等，最有特点的是涂蜡和脱蜡这两种技艺。首先，把布放置在蜡板上，用光滑而平整的椭圆形鹅卵石在布面上来回碾压，使布与蜡板平整地粘连在一起。其次，将放在金属罐里的蜂蜡或其他蜡高温熔化，用铜制或竹制的蜡刀蘸蜡在白布上画出各种图案花纹。然后，将画好的蜡片放到蓝靛染缸里浸泡，浸泡次数根据绘图颜色深浅的需要而定，如需加深颜色则要在晾晒后再进行（多次）浸泡。由于蜡在浸染中会自然龟裂，布面会呈现出天然清晰的"冰纹"效果。最后，用清水煮沸脱蜡，将蜡染反复漂洗直至残留的蜡脱净，再把漂洗干净的布放置在阴凉处晾干。如此，古朴雅致、靓丽美观的蜡染手工艺品便完成了（图7-5）。

三、苗族蜡染技艺的保护传承现状

因过去社会历史条件和经济条件的限制，苗族蜡染一般都局限在本民族生活的区域。虽然也曾有过对外界的展示，但在当时并没有引起重视。民国时期，贵州丹寨的苗族蜡染制品曾被选送贵州省物产博览会参展，但仅仅是作为点缀并未受到重视和加以推广。20世纪50年代至60年代，苗族蜡染得到了文艺界有关刊物的高度重视和大力宣传。例如，中央工艺美术专刊《装饰》开辟了介绍丹寨苗族蜡染的专栏，上海人民美术出版社出版专辑《丹寨苗族蜡染》，上海人民出版社出版专著《丹寨蜡染》等，开启了对苗族蜡染的宣传与传播。此后全国有许多专家学者撰文著书，对苗族蜡

图7-5 传统的蜡染手工艺品
图片来源：黔东南州文体广电旅游局

染进行研究和推介，使丹寨赢得了"蜡染艺术之乡"的美誉，同时也使其他地区的苗族蜡染知名度不断提高。

1981年7月，"中国贵州民间工艺品展览"在丹麦首都哥本哈根举办。题为《蜡花朵朵》的苗族蜡染图案集被丹麦国家博物馆作为珍品收藏。1982年5月，"中国传统技术展览"在加拿大多伦多市的安大略科学中心隆重开幕。被安排在展厅中央表演的蜡画技艺以独创性的工艺流程和艺术美感吸引了成千上万的观众。他们赞叹苗族蜡染是了不起的"东方艺术之花"，是当代世界民间工艺的稀有珍宝。美国及中国香港地区还专门邀请苗族蜡染传承人前往表演蜡画技艺，均在当地引起了轰动。随着国际影响面不断扩大，苗族蜡染广泛传播到亚洲、欧洲、非洲和大洋洲等地，产生了广泛而强烈的影响。

21世纪以后，随着社会经济的快速发展和国家对民族文化遗产的愈加重视，各地苗族蜡染的传承与发展迎来了历史上最好的机遇。贵州丹寨的苗族蜡染首先被评为国家级非物质文化遗产。这不仅促进了丹寨苗族蜡染的迅速发展，也为其他地区苗族蜡染的传承发展带来了新的机遇。在苗族聚居区域的政府及文化部门的支持下，许多乡镇村寨在传统家庭作坊的基础上成立了苗族蜡染合作社或独立的生产企业，帮助了大量当地妇女脱贫，为推动乡村经济发展和精神文明建设作出了贡献。为了使蜡染技艺得到传承，当地创办了蜡染研习班，不仅为当地培养蜡染传承人，还接收来自全国各地的学员，培养了大批蜡染技术人才（图7-6）。部分地区建立了蜡染博物馆、蜡染艺术体验馆，接待大批群众体验蜡染制作以增进他们对蜡染的了解和喜爱，同时还接待高校研学者参观访问，为民族历史文化和蜡染技艺研究提供平台。

图7-6　"00"后苗族蜡染新传承人　图片来源：新华网

　　随着全国文旅产业的发展，苗族蜡染传承人不断适应人们新的审美需求和市场需要，在继承传统的基础上持续创新，与时俱进推动苗族蜡染的活态传承。当代苗族蜡染传承人着眼更高的文明水准和发展需要，从苗族传统文化和现代多民族文化中汲取灵感，注重时代特性、审美观念和文化内涵的多元体现，结合时尚潮流与现代科技使蜡染图案题材更加丰富多样，兼顾古老民族图案和新潮流行图案，在继承传统的同时体现时代新风。

第三节　彝族漆器髹饰技艺

彝族漆器髹饰技艺是我国少数民族的一种特色工艺，与悠久的彝族历史伴生发展，属于国家级非物质文化遗产之一。早在1000多年前，彝族漆器髹饰技艺就在四川省喜德县、贵州省大方县彝族聚居地出现并流行。彝族漆器的材料、色彩、图案和生产工艺都有其独特鲜明的要求，形成了与众多中国传统漆器不同的风格。彝族漆器的种类以餐具和酒具为主，还有一些装饰生活的用具。这些用具中的髹饰技艺反映出彝族人民对生活用品的实用需求以及他们对美的追求，成为彝族文化的重要符号之一，为彝族文化注入了特殊的精神内涵。2008年，彝族漆器髹饰技艺被列入第二批国家级非物质文化遗产名录。

一、彝族漆器髹饰技艺的发展历程

彝族漆器髹饰技艺有着悠久的历史。在彝族创世史诗、克智、尔比和传统民歌中都有对彝族漆器的赞美。从四川省凉山彝族自治州昭觉县出土的漆器来看，凉山在两汉时期已有了漆器。这些漆器并不一定是当地所造，可能是从外地流传进来的，但无疑对彝族地区的手工技艺产生了影响。从制造简陋的竹木生活用具，到为达到美化装饰和防虫防潮的目的而使用自然生漆涂抹生活用品，再到使用天然颜料调和生漆制作出各种彩绘漆器，在漫长的实践过程中，彝族漆器髹饰技艺得到不断发展和提高。据国家有关部门的考察认定，喜德县依洛乡的阿普如哈村是彝族漆器的发源地及传承地。居住在这里的吉伍家族是彝族漆器世家，这个家族已将漆器髹饰技艺传承了19代。吉伍家族的漆艺与彝族其他地方的漆艺相互影响，使彝族漆艺在更大范围内传播和发展。传统的彝族漆器都选用当地杜鹃木、樟木等木材为原料，通过制坯、打磨，再经过纹图和上色的髹饰及清洗、阴干等多道工序成为定型使用的漆品。所生产的漆品多为餐具、酒具，也有一些其他的生活装饰品。清代《西昌县志》记载当地彝族"食汤用长柄木匙，盛菜之碗皆刳木为之，颇似古之笾豆蘸篚，内外髹以漆，外绘黄红色之古式花纹。"《宣统昭觉县志》记载彝人"席地而坐，食具用木鼓，如敦，红漆饰，以金勺如之……弩矢甚精，战有甲。"说明彝族漆器已作为生活用具广泛使用（图7-7）。[①]

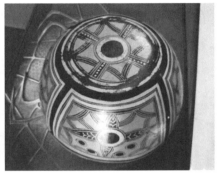

图7-7　保存百余年的彝族皮碗漆器　胡畔 摄

随着时代的发展，彝族漆器的制作工艺经历了从原始简单而辛劳的手工制作到复杂的脚踏式木胚机械制作，再到利用现代车床和现代工艺流程及技术生产的演变过程；从不上色的原木用品到髹上土漆的黑色用品，再到用土漆、银朱和石黄等珍贵天然原料进行人工彩绘的漆器，产品一代比一代丰富和精美，但都保留了彝族漆器髹染技艺的基本特色。彝族漆器髹饰始终保持以黑色、红色、黄色三色为主色，但纹饰图案有了更多的变化，除了传统的水纹、火纹和几何图形的对称图案，还增加了原始图腾、日月星辰、山水河海、花鸟虫鱼及生产生活场景等图案；漆器种类也从餐具、酒具、马鞍、武器扩展到建筑装修和各种文创产品等。彝族漆器髹饰技艺的改良创新标志着彝族民众生活水平和审美水平的提高，也让彝族文化展现出现代的绚丽光彩。

① 《非遗在凉山｜彝族皮胎漆器制作技艺：藏在大山深处的指尖绝技》，凉山新闻网，2023年5月25日。

二、彝族漆器髹饰技艺的传统工艺特色

彝族漆器的纹饰图案多为神话传说、日月星辰、山川河流、动物植物或基于此抽象出来的几何图案。这些图案不仅来源于自然和生活，而且富有民族信仰、生活习性、民情风俗等民族特色。彝族漆器的制作不需要图纸和勾底线，全凭艺人脑子里传承的图案和想象来绘制。图案绘制讲究装饰的对称性和曲线的流动性，线条运用简洁明快。绘彩使用山羊胡须制作的绘笔，并根据图案线条的粗细来选用不同的绘笔。漆器主要使用在彝族文化中具有特殊象征意义的黑色、红色、黄色：黑色象征尊贵、庄重和威严，红色象征勇敢、热情和兴旺，黄色则代表美丽、富有和光明。这些色彩既有固定的搭配，也可灵活地使用，在直观视觉上显得古朴庄重、鲜艳夺目，具有强烈的色彩反差和感染力，反映了彝族人民对色彩的独特理解和审美。

传统的彝族漆器髹饰选用马皮及优质的杜鹃木、樟木、桦木、酸枝木等为胎骨材料，髹饰技艺包括了选料、浸泡、去毛、制形、晾干、上灰、打磨、彩绘等工序。经过复杂精细的工艺流程生产出来的彝族漆器产品具有做工精致、造型多样、美观大方，无毒、无异味、耐酸碱、耐高温、不变形的特点。随着现代技术的发展，彝族漆器的制作工艺在过去传统手工制作和脚踏式木胚机械制作的基础上，借助现代车床和现代工艺流程及技术，在产品的质量、数量尤其是在创作题材上有了重大突破。在传统工艺基础上推陈出新的餐具和酒具比以往任何时期的产品种类更多、造型更精美（图7-8）。彝族漆器髹饰工艺在建筑装饰方面的应用更是为人们的生活起居环境和公共交往空间增添了鲜明的民族文化特色，凸显了彝族特有的民族文化符号。根据各种餐具、酒具的形状特征，一般可将彝族漆器粗坯分为库祖和艾持两大类：库祖类即木质汤钵、高脚菜盘、矮脚菜盘、木碗、首饰钵、酒杯等器皿的粗坯；艾持类主要指的是大锅勺、小汤勺、发簪等用品的粗坯。这两类粗坯的主要区别在于胎体形状不同，库祖类胎体呈圆锥或圆柱形，艾持类胎体呈半椭圆形。

图7-8　彩漆盘子　阿牛木支　摄

三、彝族漆器髹饰技艺的保护传承现状

千百年来，彝族漆器成为各地彝族聚居区人民群众日常生活的必需品，世世代代传承着。20世纪80年代以来，随着各民族文化交流和民众旅游的兴起，彝族漆器为越来越多的人所了解和欣赏，逐渐成为走向市场的工艺商品。传统彝族漆器从农村家庭作坊生产逐渐发展到小规模的工厂生产，得以在更大范围内传承。国家级非物质文化遗产传承人吉伍巫且和其他传承人打破了家族内部传授技艺的陈规，不仅成立了专门生产彝族漆器的企业，还开办了髹饰技艺的传习所和各种讲习班，并多次远赴海外进行传习和交流活动以推动彝族漆器髹饰技艺的传承。

但随着市场经济和产业化浪潮的冲击，彝族漆器在发展过程中遇到了障碍，纯手工制作的彝族漆器面临着原材料匮乏、市场无序竞争和传承人严重不足等诸多问题。尤其是一些生产厂家或作坊为了应对生漆产量锐减导致的成本提高，用对人体有害的工业漆代替生漆，损害了彝族漆器的声誉和发展。

2008年彝族漆器髹饰技艺被列入国家级非物质文化遗产名录以后，凉山等彝族地区的政府和文化部门加强了对彝族漆器髹饰技艺的保护，出台了有关政策并采取了积极的措施帮助传承人和生产企业解决原材料、市场秩序和传承等方面的问题。通过增大政府投入和以园区形式对分散的作坊式生产经营进行集群化布局等方式，切实有效地调动了彝族漆器髹饰技艺传承人的积极性，使漆器的开发利用、市场秩序的规范和经济效益的提升取得了显著成效。2019年11月，凉山彝族自治州民政民族工艺厂和贵州省大方县非物质文化遗产保护中心同时被授予彝族漆器髹饰技艺项目保护单位资格。2023年10月，《国家级非物质文化遗产代表性项目保护单位名单》公布，凉山彝族自治州民政民族工艺厂、贵州省大方县非物质文化遗产保护中心评估合格，被再次认定为彝族漆器髹饰技艺项目保护单位。

彝族漆器髹饰技艺在保护传承中不断开拓创新，使这门古老的民间工艺不断焕发新机。凉山州与大方县等地的彝族漆器多次参加了各种全国艺术节巡展和工艺展演，让更多的民众了解了这项非遗背后的独特工艺价值和民族历史文化，获得了广泛赞誉。不仅如此，彝族漆器髹饰技艺还走出国门在其他国家的艺术博览会上展出并获得殊誉，例如，国家级传承人吉伍巫且的作品《库祖》和《册底》被世界民俗博物馆收藏。吉伍巫且的儿子吉伍五呷也在创新传承着彝族漆器髹饰技艺（图7-9）。更重要的是彝族漆器髹饰技艺在彝族地区已纳入地方学校非遗教育，让彝族青少年对民族传统工艺有了更多的了解，为非遗保护、传承和发展积蓄了可持续发展的内生动力。

图7-9 彝族漆器髹饰技艺青年传承人在彩绘漆器阿牛木支 摄

人工智能与非遗 ⏳

　　人工智能可用于修复还原传统器物造型、服饰纹样等，复现不同时代人类传统手工技艺的制作流程等。请以一种传统技艺为例，利用人工智能工具查阅其历史发展资料，分析其历史文化价值、艺术价值及活态传承的方式与途径。

延伸思考题：

　　1. 为什么说种类繁多的中国传统技艺都烙印着各民族的印记？

　　2. 白族扎染技艺在保持传统工艺的活态发展中有哪些创新？

　　3. 苗族蜡染技艺与白族扎染技艺在制作工艺和艺术风格上有哪些不同？

　　4. 彝族漆器髹饰技艺所体现的民族特色是什么？

　　5. 中国传统技艺对现代生活有什么影响？

第 **8** 章
民俗节日

　　中国是一个多民族的国家，各民族既有在历史发展过程中形成的共同节日，也有各自的民俗节日，例如，西南地区的傣族泼水节、彝族火把节、羌族瓦尔俄足节等都是在傣族、彝族和羌族聚居地延续了千百年的民俗节日。这些传统节日具有十分鲜明的民族风格和地域特色，承载着民族情感和民族精神，具有传承历史文化、推动经济发展、丰富民众生活、娱乐民众身心、满足情感需求、促进社会和谐等多种功能。各民族的传统节日是中华民族传统节日的重要组成部分，也是中华文化的重要组成部分。随着我国经济文化的发展和民众物质生活水平的提高，人们的精神文化需求迅速增长。各民族丰富多彩的传统节日对于满足各族人民对美好生活的需要，增强人民幸福感与自豪感，进一步增强中华民族的凝聚力和认同感，激发中华民族文化自信、提升中华文化影响力具有十分重要的意义。

第一节　傣族泼水节

　　傣族泼水节是傣族最主要的传统民俗节日，在傣族所有节日中规模最大、影响面最广，在傣族聚居地世世代代传承着。泼水节最早起源于宗教仪式，后来演变为傣族、布朗族等民族的群众性节日。在传统泼水节期间，傣族男女老少都会穿上节日盛装，妇女们会挑一担清水为佛像洗尘以求佛保佑。这一习俗不仅是为了祈福和表达对佛的敬仰，也是傣族文化的重要表现形式，展现了傣族人民与大自然和谐相处、忠于信仰的民族特征。随着时代的发展，傣族泼水节的形式和内容不断丰富，不仅有传统的浴佛仪式，还增加了泼水、举办音乐舞蹈集会、赛龙舟、放孔明灯、展示服装、品尝特色饮食等传统文化活动，吸引了越来越多的国内外游客，影响不断扩大。2006年，云南省西双版纳傣族自治州傣族泼水节被列入我国第一批国家级非物质文化遗产名录。2008年，云南省德宏傣族景颇族自治州傣族泼水节被列入第二批国家级非物质文化遗产名录。

一、傣族泼水节的发展历程

傣族泼水节又称为"浴佛节"，傣语称"桑堪比迈"（意为新年），是起源于印度婆罗门教的一种宗教仪式，后来转化为礼佛的仪式。从13世纪末到14世纪初，泼水节随着佛教传入云南省傣族地区，成为当地的传统习俗。泼水节正好处于傣族新年即傣历六月中旬，也就是农历清明前后，为傣族新年增加了欢乐的氛围。

傣族民众将泼水节与自己民族的神话传说相结合，赋予了泼水节更为神秘的意蕴和民族色彩。在持续3~7天的节日期间，傣族民众会进行大扫除，置办年货，准备送旧迎新；各个村寨的民众会聚集在传统的泼水节场地，举行礼佛、泼水、赛鼓、拳术比赛、龙舟赛、团拜、堆沙、焰火秀、孔雀舞和白象舞表演等活动，共同沉浸在传统节日的氛围中，尽情分享节日的欢乐（图8-1）。

1961年，周恩来总理等参加了云南省西双版纳州的泼水节活动与当地民众尽情联欢，对泼水节给予了高度的评价。媒体的报道使这一节日迅速为全国各地民众所知，同时影响也扩大到国外。此后，泼水节的规模逐渐扩大，海内外游客慕名而来，故泼水节被称为"东方狂欢节"。

21世纪以来，随着文旅产业的迅速发展，傣族泼水节与时俱进不断增添新的节日内容。在泼水节期间，除了传统的庆祝仪式和活动以外，还增加了大型迎宾晚会、篝火晚会、现代艺术广场表演、当地特色风情书画展、摄影展、特色风味小吃展以及傣族百家宴等更具时代特色的内容，为当地民众和中外游客献上丰富的民族精神文化大餐。

图8-1　街头的傣族泼水节活动　胡畔 摄

二、傣族泼水节的民俗特色及文化内涵

傣族泼水节的民俗特色主要体现在其丰富的文化活动和深厚的民族传统中。泼水节既是傣族传统礼佛的重要形式，又是傣族新年的重要庆祝活动。通过举办浴佛仪式、放高升、赛龙舟、傣族歌舞表演、放火飞灯、放水灯等传统民俗活动（图8-2、图8-3），不仅增添了节日的欢乐，还展示了西双版纳地区的民族文化生态，有助于增进民众感情、促进民族团结以及增强民众建设美好家园的信心和力量。

在傣族泼水节期间，除了礼佛仪式，还有当地历史传说中的民族英雄和正义人物的纪念仪式。在傣族的民间故事和历史传说中有英勇保护傣族村民的李良、不畏强暴战胜火魔的七位姑娘等人物，他们体现了傣族人民勤劳善良、爱憎分明、英勇顽强、不怕牺牲的精神。因此，傣族民众在泼水节这样重要的节日里举行纪念仪式以表达后人承继他们美好品德的心愿。

图8-2　傣族泼水节上的舞蹈表演（一）　胡畔　摄

图8-3　傣族泼水节上的舞蹈表演（二）　胡畔　摄

傣族泼水节也反映了傣族人民依水而居、喜好在江水中沐浴净身的民族习惯。澜沧江流经西双版纳州、德宏州，在这里聚居的傣族民众尤其是傣族女性喜欢在江水中洗头、沐浴、纳凉以保持身体清爽。长此以往，傣族民众养成了一种爱水、尚水的文化心理。傣族人认为天然的江河之水是圣洁之水，能够祛除邪恶、洗尽污浊，带来美好生活的希望。这种习俗在傣族泼水节中得到充分体现。民众在尽情欢快的泼水活动中洗去烦恼忧伤，迎接新年的美好生活。

傣族泼水节中的傣族白象舞表演体现出傣族民众热爱自然、崇尚自然和保护自然的情怀与意识。白象舞是傣族民众喜爱的一种民间舞蹈，属双人拟兽舞。表演者借助白象道具模仿大象动作，步伐稳健、动作笨拙，把傣族喜爱的大象表现得生动活泼、憨态可掬，让人们切身感受与大象共存的生态环境，激发出人们保护自然的自觉意识。

傣族泼水节是傣族人民在特殊的历史文化影响下和民族发展历程中形成的传统民俗节日，是展示傣族历史社会的窗口、传承傣族文化的载体，也是增进民族团结、促进民族文化交流的重要平台。

三、傣族泼水节的保护传承现状

傣族泼水节被列为国家级非物质文化遗产项目后，其民族文化特色和价值得以彰显。这不仅促进了傣族泼水节的传承和发展，也带动了地方文化与经济的发展。西双版纳州政府和相关部门为泼水节的筹办提供了有力的政策和财力支持。通过举办各种民间传统文化大游演、文艺演出和展览等活动不断丰富节日的表现形式和内容。西双版纳每年都会举办泼水节系列活动，并举行发布会向海内外朋友发出诚挚邀请，欢迎大家到西双版纳共享泼水狂欢的独特魅力，感受西双版纳的热带风情。除传统的傣历新年祈福及表演外，泼水节还增加了民俗文化展演、万人放飞孔明灯、大型龙舟竞赛表演、大型泼水狂欢活动、傣家美食品尝活动等各类活动，让当地民众和外地游客共同分享泼水节的欢乐，共同领略傣族历史文化的独特魅力。

21世纪以来，结合了传统民俗节日和现代审美时尚的傣族泼水节吸引了越来越多的国内外游客，获得了显著的社会效益和经济效益。2024年傣族泼水节期间，西双版纳州接待游客203余万人次，旅游总收入达24.85亿元①。丰富多彩的民族节庆活动让国内外游客深入体验浓郁的民族文化盛宴，展现出西双版纳文旅新活力。

随着市场经济的发展和社会商品化程度的加深，傣族泼水节传统文化的内涵一度有所淡化，商业化趋势有所显现。在传统的节日场地和新开辟的"节日"场地，出现了"天天泼水节"的狂欢场面。这虽然不失为让外地游客领略傣族传统生活和民情风俗的一种途径，但毕竟有表层化和商业化的局限，不能让广大群众真正体验到傣族文化和生活习俗的深刻内涵。对此，当地政府及文化部门已给予了高度重视，采取各种措施承继傣族泼水节传统的内容和形式，展现其独具特色的非遗文化内涵和价值。

第二节　彝族火把节

火把节是彝族和白族、基诺族、拉祜族等民族共同传承与分享的传统节日。其中彝族火把节最负盛名，是彝族人民期待丰收、祈盼吉祥、表达爱情和向往幸福的节日，是彝族最重要的民俗节日之一。彝语称火把节为"都则"，意为"祭火"。传说火把节这天是彝族祖先开始使用火的纪念日。另外，火把节还与保护庄稼、期待丰收有关——彝族世世代代都习惯在庄稼生长期间用火把驱除虫害以保护庄稼生长和祈求来年风调雨顺。这种习俗后来演变为彝族村寨聚会时的庆祝活动。随着时代的发展，彝族火把节的形式与内容不断丰富，形成了一个反映民族独特历史文化内涵和民情风俗的固定传统节日。楚雄彝族火把节和凉山彝族火把节于2006年被列入第一批国家级非物质文化遗产名录。

一、彝族火把节的发展历程

彝族火把节的起源与彝族的精神信仰与生活习惯有关。彝族祖先世世

---

① 《接待游客203.19万人次！"泼"出西双版纳文旅新活力》，西双版纳州文化和旅游局，2024年4月19日。

代代生活在高寒山区，生活生产都离不开火，他们用火驱赶野兽、烧草垦荒、消灭害虫，日常生活取暖煮饭甚至于死后的火葬都需要火。彝族人民对火的多样需求和利用体现了火在彝族社会生活中的重要地位。火不仅是生活生产工具，也是彝族精神文化的重要支撑。在中国少数民族中数彝族关于火的神话传说最多，例如关于彝族英雄俄体拉巴的神话：传说在农历六月二十四日这天，天神恩梯古兹派出力大无穷的斯惹阿比和俄体拉巴进行摔跤搏斗，斯惹阿比战败后上天拨弄是非，天神震怒，于是派出铺天盖地的蝗虫到人间来祸害庄稼。俄体拉巴号召彝族男女老少砍松枝、割野蒿来扎成火把，到田地里去焚烧了所有蝗虫，保护了庄稼。在传统的火把节上，彝族老人总会对年轻一代讲述与火把节有关的神话传说。据有关资料和传说，彝族的火把节自汉唐时期开始盛行，至今已沿袭了2000多年。[①]从最初彝族民众感恩火神和英雄的祭火仪式、手持火把焚烧害虫的生产活动到人们联络感情和节日欢庆的聚会，逐渐发展形成了延续至今的彝族火把节。

改革开放以后，彝族火把节从由乡镇举办发展到由市县政府举办，节日庆典的规模逐渐扩大，内容形式也在不断地丰富。在20世纪80年代至90年代期间，彝族火把节不仅保留了传统的取火仪式、点火把、唱歌跳舞、选美比赛、民族传统运动会等活动，还增加了物资交流及商贸活动等。尤其是四川省凉山州布拖县、普格县等地举办的火把节最为突出地体现了彝族传统火把节的特色。这些火把节的参与对象主要是来自当地四乡八镇的彝族群众。而自1994年首届凉山国际火把节举行以来，参加节日庆典的除了彝族群众，还有大量的国内外游客，凉山火把节的影响自此扩大。

21世纪以来，特别是彝族火把节被列为国家级非物质文化遗产以后，彝族民众传承非遗的积极性大幅提高，外界也对彝族火把节的文化价值有了更多的了解。凉山连续举办了多届国际火把节，结合当地文旅事业以及地方经济发展的需要，赋予了火把节新的民俗意义，催生了新的庆祝形式：以传统火把节的庆祝形式为主，增加了花车巡游、服饰展演、手工艺品展

---

① 《彝族人民沿袭千多年的传统佳节火把节起源于汉唐》，搜狐网，2023年6月2日。

览及本地其他非遗文化交流等活动，同时还举办了具有现代特色的文艺演出活动，进一步展示彝族文化的多样性，强化了富有浓郁民族风情、强烈时代感的节日特色，形成了代表彝族文化的重要品牌（图8-4）。

图8-4　彝族火把节上的雄鹰舞表演　胡畔 摄

二、彝族火把节的民俗形式与特色

彝族火把节在漫长的岁月中形成了独特的民俗节日形式，呈现出鲜明的地域特色和文化内涵。传统的火把节要庆祝三天。

第一天为迎火日。当天各村寨都会搭好祭台，在空地上用干松木和松明子扎成大火把堆。各家各户也会在门前竖起艾蒿枝秆扎成的小火把，然后宰杀牛羊，备好酒肉迎接火神。在当晚的祭祀活动中，男女老少纷纷走出家门聚集在祭台。毕摩念经祭天地、祭火神、祭祖先，驱邪除恶，祈求五谷丰登、六畜兴旺、家宅平安，然后以原始的方式击石取火，点燃篝火。村民在篝火上点燃各自的小火把，先在住宅庭院绕行一周，然后走向田间地头。举着火把的长队犹如一条条曲折蜿蜒的火龙，沿着阡陌绕行，边走边为来年的丰收和家庭与村寨的吉祥幸福祈祷。返回村寨后，村民聚在一起喝酒吃肉，围在篝火周围彻夜欢歌舞蹈。一些青年男女也借此机会向心仪的人表达爱慕。

　　第二天为传火日。村寨的男女老少身着节日盛装，青年女性手撑黄色油纸伞，在山坡草地围圈唱跳朵洛荷，同时还进行选美、斗牛、斗鸡、摔跤、赛马、射箭等传统形式的娱乐活动，共同分享节日的喜庆和欢乐。村民在入夜时分点燃火把，组成传递火种的条条长龙，在山野与村寨间巡回盘绕，场面甚为壮观。

　　第三天为送火日。白天继续传统形式的娱乐活动，村民们互相分享各种竞赛获奖的荣誉和欢乐，进一步交流和增进情感。夜晚再次燃起篝火，村民围聚在一起，由毕摩念经举行送火仪式，再次祈愿火神庇佑村寨平安、五谷丰登、六畜兴旺，庇护族人过上美好幸福的生活。

　　在彝族各种传统的民俗节日中，火把节是最能集中反映彝族精神信仰、人际关系及民俗风情的重要节日。在彝族火把节期间，村民走村串寨，欢聚一堂，尽情分享节日欢乐。这增进了人与人之间的沟通，化解了平时在生产生活中产生的各种矛盾，促进了族人之间的和睦相处和团结友爱。在彝族火把节的各项娱乐节目中最吸引人的是选美比赛。过去的选美只选青年女性，而如今还包括了青年男性。每到火把节前，各村寨最重视的就是选出德才貌兼备的美女帅男去参加选美比赛。他们如能被选中则是村寨的骄傲。由市县组织的大型火把节都会组织片区的选美代表队参赛（图8-5）。

图8-5　彝族火把节上参加选美的队伍　胡畔　摄

三、彝族火把节的保护传承现状

1949年以来，凉山彝族地区社会制度的变革和彝族人民社会地位的提高及生活条件的改善，为火把节的保护传承创造了新的条件。但因为地处偏远山区，生活生产条件、交通贸易、文化教育等方面长期落后，传统的村寨火把节的规模有限，内容和形式难以取得创新性的发展，影响也局限于彝族聚居地区。改革开放以后尤其是21世纪以来，随着国家西部大开发、"一带一路"倡议、乡村振兴战略持续推进，以及藏羌彝文化产业走廊建设深入推进，凉山地区的经济文化教育有了较大发展，当地政府和相关部门高度重视包括彝族火把节在内的各项非物质文化遗产的保护传承，并采取了各种措施对其发展给予保障和支持。凉山彝族火把节在2016年被列为国家级非物质文化遗产整体性保护试点项目，该试点的主要任务包括重点体现非遗整体性保护理念和促进非遗的活态化传承。火把节的整体性保护也推动了凉山州非遗事业的进步发展，还带动了当地农业产业与文化旅游的融合发展，为传统节日赋予了更加丰富的时代内涵。

凉山州政府从1994年开始举办第一届中国凉山彝族国际火把节，至今已举办了九届。火把节成为凉山对外开放、文化经贸交流和促进民族团结的重要文化活动。2024年举办的第九届凉山彝族火把节以"激情火把节·最炫民族风"为主题，节日活动时间长达一个月。庆祝活动空前丰富精彩，包括热烈隆重的火把节开幕式暨火把狂欢夜、彝族传统选美、广场舞展演、彝族服装秀、漆器展陈、天天火把节暨音乐美食季、招商引资推介会等（图8-6），既体现了传统民俗节日文化，又融入了现代时尚艺术的各类主题活动。来自本地的民众与国内外游客深度参与各项活动，沉浸式地体验了彝族传统民俗节日风情。除此之外，彝族聚居的凉山州布拖县、普格县、昭觉县、金阳县、越西县、喜德县等地都举办了盛大的火把节活动。尤其是火把节发源地、被誉为"火把节之乡"的布拖县和普格县举办的庆祝活动最能体现出火把节的传统民俗节日韵味和地方文化特色。

图8-6　彝族火把节上的选美活动　胡畔 摄

　　凉山彝族国际火把节等节日活动对保护传承和活态发展当地非物质文化遗产，提升凉山形象、打造文旅品牌、推动文化创新及促进凉山经济社会发展都发挥着重要的作用。凉山彝族国际火把节通过媒介传播为国内外民众提供了了解彝族文化独特魅力的重要窗口。如今凉山彝族国际火把节已成为国内外知名度颇高的民族文化节、旅游节、招商节，成为促进文化交流合作的重要平台。

第三节　羌族瓦尔俄足节

　　瓦尔俄足节是羌族的一个重要民俗节日，也是我国各民族节日中一个具有特殊意义的节日。这个节日是以羌族女性为主要角色的民俗活动，因此瓦尔俄足节又称"羌族妇女节"，汉语俗称"歌仙节"或"领歌节"。羌族瓦尔俄足节主要流传在四川省阿坝藏族羌族自治州的茂县及周边地区，传统的活动内容有祭祀仪式、跳萨朗舞、多声部合唱及羊皮鼓舞等歌舞表演。这个节日不仅体现了羌族妇女特殊的社会和家庭地位以及她们在羌族历史文化中所发挥的重要作用，也反映了羌族民众的精神信仰、生活习俗、民族服饰和音乐舞蹈等方面的民情风俗及羌族文化特色。2006年，羌族瓦尔俄足节被列入第一批国家级非物质文化遗产名录。

一、羌族瓦尔俄足节的发展历程

羌族是我国最古老的民族之一。羌族人在历史上自称"尔玛人"，他们经过多年的迁徙聚居在岷江流域。因其居所大多依山而筑，羌族被誉为"云朵上的民族"。羌族妇女除了擅长种地、纺织、刺绣，还擅长歌舞，她们在生产生活中的辛勤劳作、简朴持家和无私奉献的品格深受羌族人民尊重。瓦尔俄足节成为羌族妇女展示自己品格、才艺及地位的平台。在茂县北部的西湖寨河西村，瓦尔俄足节和羌年都是盛大的传统节日。

羌族瓦尔俄足节的历史源远流长，起源于氏羌游牧和农耕时代的部落社会。这个节日的产生与羌族先民游牧农耕、部落征战及长途迁徙的历史生活有关：当时羌族成年男子承担着繁重的户外劳动和征战苦役，而妇女主要承担照顾老幼及其他日常生活事务，同时还要辛劳地制作肉类、奶制品和粮食产品。她们的辛劳得到了羌族社会的尊重，使羌族妇女获得了应有的家庭和社会地位。因此，羌族妇女逐渐有了以她们为主的节日。这个节日的产生也与羌族的萨朗女神传说有关：萨朗是教会羌族妇女唱歌跳舞的女神，因此羌族妇女特别感谢萨朗，并在每年农历五月初五举行集会，以唱歌跳舞的形式来祭祀萨朗女神。这项活动主要由妇女主持和操办，所以后来被称为羌族的"妇女节"。因为羌族瓦尔俄足节和端午节时间一致，所以也被称为"羌族端阳节"。瓦尔俄足节与羌族的神话传说有关，因而羌族传统祭祀神灵的羊皮鼓舞也自然地融入到了祭祀萨朗女神的仪式中，成为传统的瓦尔俄足节活动中的一项重要内容。瓦尔俄足节这天，羌寨女性不分老幼身着传统民族服饰前往聚会场地载歌载舞，以羊皮鼓舞伴随萨朗的唱跳，尽情表达她们对萨朗女神的崇拜和感激之情，抒发她们的愉悦之情（图8-7）。

直至20世纪末期，这一活动都是羌族人自发的村寨活动。随着国家对少数民族文化和非遗资源的重视，有关部门对羌族瓦尔俄足节的民族文化价值给予了充分肯定。羌族瓦尔俄足节被列为国家级非物质文化遗产以后，其举办形式和规模发生了变化，由过去村寨举办改为由政府文化部门牵头并给予政策和经费的支持，节日举办的规模也逐年扩大。参加节日活动的不仅有当地的羌族民众，还有不少慕名而来的外地游客，这让外界越来越多地了解到羌族瓦尔俄足节的意义和价值。瓦尔俄足节已成为羌族历史文化的一张重要名片。

图8-7　羌族妇女唱歌跳舞来祭拜萨朗女神　图片来源：茂县文化广播电视体育和旅游局

二、羌族瓦尔俄足节的民俗特色

因为羌族瓦尔俄足节是以羌族妇女为主的节日，被视为全世界唯一的少数民族民间传统女性节日。以妇女为主是羌族瓦尔俄足节最独特的民俗特色，同时也赋予了它特殊的民族节日文化内涵。羌族瓦尔俄足节不仅在羌族民间文化中占有重要地位，也在华夏各民族的民俗文化中具有特殊价值，还在世界民族学研究中具有交流互鉴的重要意义。

羌族瓦尔俄足节的活动集宗教、歌舞、服饰和习俗于一体，多方位反映出羌族历史文化的重要元素，对羌族民间舞蹈萨朗的发展和演变研究具有重要的价值。人们通过一系列的祭祀活动，例如引歌、领歌、接歌、传歌等，来表达对传说中的歌舞女神萨朗的崇拜。通过胯部往复转动的独特舞蹈动作和欢快的伴歌旋律，反映出羌族妇女热情奔放、浪漫乐观的性格。

节奏欢快、具有浓郁山歌风味的萨朗歌舞为羌族民众尤其是羌族女性所喜爱。羌族没有文字，也没有标识歌曲的记录，所有歌曲都是口耳相传。这样的节日表演产生了良好的传歌和习歌效果，让萨朗在羌族妇女中得以自然传承（图8-8）。

图8-8　羌族妇女在瓦尔俄足节的萨朗舞蹈表演　图片来源：四川在线

在羌族瓦尔俄足节，身着盛装的羌族妇女在"领歌女神"的引领下，带着她们事先准备好的太阳馍馍、月亮馍馍、山形馍馍以及香蜡柏枝、咂酒、腊肉、干粮等物品，沿着山野与村寨之间的山道一路高歌，前往女神梁子举行敬献和祭杀山羊的祭拜仪式，向天地展示羌族人民淳朴自由的性格以及向往和平和美好生活的愿望。祭拜仪式后，当地有威望的羌族老阿妈会给大家讲述歌舞女神萨朗的故事，而男性在一旁烹饪节日大餐。为了给妇女同胞的节日盛会壮大声威，羌族男性还会在瓦尔俄足节上表演抬阁。抬阁是一种诠释神话传奇故事，融合绘画、戏曲、彩扎、纸塑和杂技等多种传统技艺为一体的传统民俗表演形式。

历史悠久的羌族瓦尔俄足节因其独特的形式与内容，成为富有民情风俗特色的传统节日，经历了不同时代的变迁仍得以传承，并将影响从本民族世居的区域逐步扩大到各地，为华夏各民族的民俗节日增添了异彩。

三、羌族瓦尔俄足节的保护传承现状

21世纪以来，为保护传承瓦尔俄足节等羌族文化，当地政府和文化部门成立了专门的工作领导小组，设立了非物质文化遗产办公室，建立起相应的工作机制，制定了长期的保护规划，例如《羌族文化生态保护实验区规划实施细则》《瓦尔俄足保护性规划》等。在政策的支持与保障下，保护非物质文化遗产的基础设施建设得以顺利进行，先后建立起了羌语保护区、羌族非遗传习中心等，为羌族文化的保护与传承提供了良好的平台。同时还开展了非物质文化遗产项目的普及、传承和宣传等群众活动，为非遗传承后继有人打下了基础。这些措施共同构成了对包括瓦尔俄足节在内的羌族文化遗产的全面保护和传承。

自2006年被列入国家级非物质文化遗产名录以后，羌族瓦尔俄足节的庆祝活动规模逐年扩大，形式与内容有了创新性的发展，传播范围也空前扩大。羌族聚居的茂县曾多次举办对外开放的瓦尔俄足节庆典活动。其中，2017年举办的羌族瓦尔俄足节除了传统的节目形式和内容外，还上演了名为"云上尔玛"的民族交响乐音乐会，演出曲目包括《花儿纳吉》《羌族酒歌》《太阳里走出的羊角花》等，将传统的羌族歌舞与现代交响乐巧妙结合，为古老的瓦尔俄足节活动注入了新鲜的活力。2020年6月举办的以"保护、传承、弘扬"为主题的瓦尔俄足节庆典活动，参演的演员人数多达700人，其中大多数演员都是当地各个羌族村寨的群众。整个展演活动分为《祭礼》《引领》《接传》3个篇章，在传统的瓦尔俄足节中融入了时尚潮流的歌舞元素。2024年6月举办的"2024中国非遗茂县瓦尔俄足节"还在分会场分别组织了"瓦尔俄足节"成果转化主题晚会、"瓦尔俄足节"活态展演、非遗巡演、萨朗篝火晚会、"瓦尔俄足节"音乐会、"牵起民族团结的手 舞出幸福生活的圈"等联欢活动。这些活动的举办不仅促进了羌族非物质文化遗产的保护传承和活态发展，也为地方文旅产业和经济发展作出了贡献。羌族瓦尔俄足节还积极参与到中外文化交流中。在2007年至2023年举办的每一届成都国际非遗艺术节上都有羌族瓦尔俄足节的专门介绍和代表性节目表演，为其国际传播带来良好的影响。

由政府和文化部门组织的大型羌族瓦尔俄足节活动激发了当地羌族民众的积极参与，也吸引了许多国内外观众前往参与体验（图8-9）。通过国内外媒体对节日活动的报道，羌族民众为本民族的非遗项目感到自豪，其他民族的民众对羌族文化有了更深入的了解，瓦尔俄足节也对不同国家、不同民族的跨文化交流及文明互鉴发挥着积极的作用。

图8-9　瓦尔俄足节大型展演活动　图片来源：茂县人民政府网

人工智能与非遗 ⊕

1. 请选择一个民俗节日，在人工智能文生视频大模型中输入节日主题元素，生成相关视频，并进行讨论。

2. 请运用人工智能工具设计与某个民俗节日相关的文创产品。

延伸思考题:

　　1. 中国民俗节日对当代中国民众有什么影响?

　　2. 傣族泼水节和其他民族的泼水节共同的历史渊源是什么?

　　3. 彝族火把节所体现的火文化内涵是什么?

　　4. 羌族瓦尔俄足节是否体现了妇女地位高的特点?

　　5. 中华民族共同的节日有哪些? 体现了哪些关于民族共同体的重大意义?

　　6. 中国各民族传统节日种类很多,你喜欢什么节日,为什么?

第 **9** 章
非遗的活态传承与现代传播

在漫长的人类历史发展过程中，非物质文化遗产之所以能留存下来，很重要的原因是它们在每个时代都能适应不断变迁的时空场景并体现出自身的价值。活态传承是非遗在当代社会实现价值最大化的最主要途径。"活态的遗产在本意上就是活生生的，现在把它们列为遗产，既表明它们有历史，是传统，也表示希望它们明天依然能够存留，保护它们就是要保证它们有未来。所以活态的非遗相对于以前的物质遗产来说，未来作为很重要的思考维度被纳入进来。它们要活在人们生活当中，仍然是人们生活的一部分，而且是不可分割的一部分"①，要在非遗生成发展的场景中对其进行保护传承，使其在人民群众的生产生活中得以活态发展。

第一节 非遗的活态传承

自加入联合国《保护非物质文化遗产公约》以来的20年，我国对非物质文化遗产的保护给予了高度重视，制定了一系列政策和规划，拓展了非遗保护传承的广阔前景。确立了我国非遗保护框架，构建了四级名录体系，

---

① 高丙中：《保护非物质文化遗产公约》的精神构成与中国实践，《中南民族大学学报（人文社会科学版）》，2017年第4期。

建立了非遗传承机制，颁布了《中华人民共和国非物质文化遗产保护法》，设立了文化生态保护区，确立了生产性、整体性、系统性的非遗保护传承理念。加强非遗展示和传习基础设施建设，保护培养非遗传承人，迄今已公布了5批国家级非遗项目和传承人。在非遗的生产性保护中，注重科学合理地对非遗进行开发利用，将非遗的保护传承融入我国脱贫攻坚和乡村振兴战略实施过程中，在助力乡村经济文化建设方面取得显著成效，同时也促进了非遗在当代社会的活态传承。尤其是文化生态保护区的建设是具有中国特色的创举，为世界非遗事业贡献了中国经验。我国在20年的非遗保护实践中，从抢救保护到建章立制，逐步完善各项政策和制度，取得了世界级非遗总数全球第一的成就，并让非遗在我国现代化建设中发挥了积极的作用，向世界证明了中国对非遗保护传承的智慧、能力和贡献。

　　虽然在推进非遗实现活态传承方面取得了显著成效，但过去10多年的非遗工作重在抢救保护，创造性转化和创新性发展相对较弱。不少地方满足于对非遗普查的既有项目给予必要的抢救和保护，但是在怎样实现其活态化传承，促进创造性转化和创新性发展方面收效甚微或止步不前。目前普遍存在的问题主要有：许多具有深厚文化积淀的非遗项目仅作为当地民间小作坊或小企业开发的传统工艺，或存放在非遗博物馆以供展览，未能在城市和乡村生根，尚未实现必要的技术传承和达到基本的生产规模；"一些冷门独专的传统手工艺由于缺乏市场需求，老一辈从业者谋求收入更高的职业，年轻一辈缺乏主动传承动机，传承情况不佳，这为传统手工工艺的创造性转化带来障碍"①；此外还有各种历史悠久的民族戏剧、民族歌舞等也与冷门独专的传统手工艺面临同样的状况，许多国家级和省级非遗保护项目缺乏传人、资金和市场。对于这些非遗项目的生产性保护和活态发展不能仅仅依靠消费，更需要依靠政府保护性的专款与配套政策。对非遗传承人的培养和传承条件的创造是当前应该受到重视和亟待解决的问题，否则许多非遗项目不仅将慢慢从市场萎缩，还会从其自然场景中

---

　　① 《潘鲁生：考虑社会主要矛盾 求解传统手工艺创造性转化中的瓶颈》，海报新闻，2021年10月27日。

消失。

　　非遗传承的本质任务是精神价值的体现与弘扬。在活态传承中既要保留非遗的属性和特色，又要结合现代生活需求和审美愿望与时俱进进行创新。但一些非遗生产和消费行为只注重商业价值的追逐，而忽视非遗作为历史文化记忆的精神价值的传承和弘扬。一些非遗传承人和商家追名逐利，违背非遗传承的文化本质，在非遗项目开发中不合理地混杂非遗元素进行包装，或歪曲应保留的民族文化元素而背离了原有的民族特色与精神内涵。对于这些问题，国务院及有关部门高度重视，先后出台了一系列关于非遗保护传承的指导意见、总体规划和实施方案，使非遗活态化传承局面发生了很大变化，并取得了明显的成效。然而客观来看，全国各民族关于非遗活态发展的实际效果和水平仍不平衡。

　　在非遗活态传承的工作中，有一些地方的经验值得借鉴。例如，凉山州越西县城区的非遗工坊是当地政府主导、企业投资打造的创业就业综合平台，汇集了彝绣、银饰器具等特色非遗项目，形成以鼓励创业带动就业的综合性服务园区，促进非遗进社区、进市场。非遗工坊通过就业创业孵化，开展对非遗从业人员的培训指导，设立电商中心，邀请网络主播带货，推介、展览和出售当地特色非遗及农副产品等方式，在宣传非遗的同时也促进了群众增收。北京服装学院培训中心在凉山挂牌成立工坊实训基地，对彝绣产业进行培训指导，实现产品设计升级，并引入资源搭建平台，推动彝绣活态传承与市场转化。彝族服饰多次参加国际服装展，以创造性转化和创新性发展实现非遗的活态传承（图9-1）。贵州侗族大歌的群众性活动规模也在政府及相关部门的组织和指导下逐年扩大，服饰表演和大歌独唱、对唱、合唱形式都有所创新。以上这些地区对非遗的开发利用都较好地诠释了保护传承和创新的关系。

图9-1 彝族服饰在宁波国际服装节参展 图片来源：腾讯网

　　要根据非遗项目的性质特征和传承形态选择适当的活态传承方式。例如，藏族英雄史诗《格萨尔王》和彝族英雄史诗《支格阿龙》等史诗及其衍生文化作品，可以按照文学重述神话的导向选择戏剧、音乐、舞蹈等现代展演方式进行活态传承。又如，通过四川音乐学院声乐系师生的调查记录和承继式创新，羌族多声部民歌被成功演绎为现代乐曲，既体现了民族特色又融入了现代精神，丰富了民族音乐的文化内涵和表现形式。他们在城市音乐厅的演出被各新媒体平台推介，让回荡在羌族村寨的古老神秘乐音唱响在现代都市，得到更多人的关注和赞叹，增强了民众的民族文化自信。打造以非遗为主题的活态传承空间，包括非遗手工艺品展、民族传统节日仪式庆典、现代科技融入的非遗参与体验式活动，以及非遗元素的时尚消费产品和消费空间等，应当和文化艺术场景、休闲娱乐场景、消费场景等当代社会文化空间有机契合，满足现代消费者的审美和需求。

　　总体来看，现代城市为非遗的活态传承提供了更广阔的发展空间。非遗的文化内涵和美学价值在现代城市得以更充分地开发利用。在城市空间实现创新性发展和创造性转化的非遗满足了市民的审美需求和生活情趣。

例如，各种非遗工艺品和具有非遗元素的服装、家具等能更好地满足现代人回归质朴生活的精神和心理需求，体现了现代人对文化生活品质的追求。近年来，承载区域特色文化的非遗逐渐融入了各个城市。这些非遗以其独特的物质形态或动态展演形式在城市空间实体场景中呈现，让城市空间既有多元深厚的传统文化底蕴，又增添了现代创新的个性与活力。非遗博物馆、非遗主题餐厅、非遗手工坊、非遗服饰店、非遗街区、非遗活动广场、非遗景观园等城市空间实体场景中的非遗样态装点了城市的文化环境，成为市民文化生活的重要载体（图9-2、图9-3）。不断涌现的数字文创产业园作为城市文化产业新兴空间载体，通过产业导入、活动导入、人气导入打造现代城市场景的片区服务平台、网络视听产业以及文化创意消费体验地。文化生态保护区的整体性、系统性保护和创新性利用，除充分利用消费场景促进非遗的生产与消费外，还应利用博物馆的非遗常设展、非遗个体传统作坊、非遗开发园区生产基地，非遗传承人现场演示与讲座、非遗进校园以及数字化非遗的展示传播等载体与活动，推介各类非遗项目尤其是那些难以进入市场流通的项目。通过传承人形象及丰富的文化符号呈现非遗人物与产品、制作工艺、生产流程，讲述非遗故事，展示非遗活态发展的历史进程，彰显非遗的历史性、知识性、实用性和艺术性，促进公众对非遗文化价值和商品价值的了解和认同。许多非遗手工艺品不仅融入了城市公共空间，还逐渐融入了当代家庭空间装点着人们的物质和精神生活。

　　保护非遗最切实的办法是生产利用。只有生产中的活态发展和现实生活中的需求利用才能不断激发非遗的生命力。在生产性保护中，要结合时代需求妥善处理非遗资源与经济利益的关系。加强非遗保护的系统性、整体性、协调性，实现文化资源的可持续发展。完善非遗保护的体制机制，加强各部门、各地区之间的统筹协调，形成非遗保护发展合力。培养非遗传承人，为非遗事业广泛汇聚人力物力财力，营造非遗保护传承的社会氛围。进一步挖掘非遗资源，发掘非遗的多元价值，促进非遗创新性发展，推动我国各民族非遗融入当下市场、融入现实社会生活。

图9-2 非遗博物馆中国龙文化展厅 陈梓芊 摄

图9-3 非遗博物馆民族服饰展厅 陈梓芊 摄

全国各地纷纷建立了非遗生态保护区、非遗工坊、非遗文化传播公司，以多样化的生产性保护推进非遗事业发展，为地区增加了经济效益。按照国家文化生态保护区建设"见人见物见生活"的要求，既要确保保护区内非遗种类丰富、文化氛围浓厚，让更多的人了解非遗、热爱非遗并主动参与非遗的保护传承和传播工作，又要避免非遗的同质化现象，深入挖掘区域非遗特色文化内涵，打造具有地区特色的文化生态保护区。例如，在推进成渝地区双城经济圈建设背景下，川渝合作开展了系列促进非遗进景区、进展会活动，丰富了两地的旅游资源供给，以巴蜀文化旅游走廊建设为契机推动成渝地区非遗资源共享、优势互补，促进非遗融入现代生活实现活态传承，不断提升非遗文化的知晓度和影响力。

第二节　非遗的现代传播

在现代社会，科学技术已融入人们生活的方方面面，进而塑造了一种全新的生活方式即"技术化生存"。非遗也需要在科学技术的推动下，更广泛地为人们所认知，得到更有效的保护传承。21世纪以来，随着新一代信息技术的发展，非遗的记录传播更加真实、准确和完整，产生了更广泛而深刻的影响。积极利用新兴科技，以多渠道、多元化方式推进非遗融入当代民众生活，是当下促进非遗活态传承和现代传播的重要途径。

2020年11月发布的《文化和旅游部关于推动数字文化产业高质量发展的意见》提出，要顺应数字产业化和产业数字化发展趋势，实施文化产业数字化战略，加快发展新型文化企业、文化业态、文化消费模式，改造提升传统业态，提高质量效益和核心竞争力，促进满足人民文化需求和增强人民精神力量相统一。《意见》充分肯定了新兴科学技术对文化产业发展的重要作用，同时也为数字文化背景下非遗的创造性转化和创新性发展指明了方向。当下，非遗传播凭借新媒介技术实现大信息量、多形式、多渠道、精准化的传播，并针对不同受众群体进行分众化、个性化甚至私人定制式的信息推送，产生了更加广泛的影响，收获了更好的传播效果。5G、VR、AR、MR、AI的应用改变了信息的传统呈现方式，为受众带来精彩的视觉盛宴，使人们沉浸在数字化技术营建的非遗时空中，强化了人们对传统文化的体验感。这为大众了解、接触和体验非遗提供了便利，也进一步促进了非遗的社会化科普。例如，北京冬奥会开幕式将中华民族传统文化元素和高科技融合运用，给世界观众带来视觉文化盛宴。互联网和新媒介技术将遥远神秘的民族非遗带给全世界，使人们可以通过移动媒介终端随时欣赏到多元的非遗作品。又如，中央广播电视总台2022年中秋晚会利用现代高科技手段将传统苏绣融入晚会现场，展现了传统非遗的风韵（图9-4）。苏绣传承人在虚拟直播间展示苏绣的技艺与风采，将月桂树、苏式建筑等元素巧妙融入现代3D月球场景之中，增强了节日氛围，让观众在线收获了新鲜的非遗文化体验，同时宣传推介了苏绣的美学价值。

图9-4　央视2022年中秋晚会利用高科技将苏绣融入现场　图片来源：央视网

新媒介日新月异，媒介传播功能更加多样化、便捷化、智能化。网络录播、直播、视听符号处理技术与QQ、微信、抖音、快手等新兴网络平台层出不穷，移动电视、智能手机、平板电脑等媒介终端技术不断革新换代，为人们高效地了解非遗文化信息提供了极大的便利。截至2022年8月8日，短视频《国家级非物质文化遗产：流传千年的彝族漆器髹饰技艺》播放量突破2227万，带动粉丝增长超4万人。[①]凉山彝族自治州非遗保护中心出品的《克智少年——吉则尔曲》成功入围2019年"文化和自然遗产日"非遗

———————————
① 《接连两条短视频破千万！"四川非遗"抖音号为何火出圈?》，四川非遗，2022年8月8日。

影像展。2022年我国非遗相关视频在海外短视频TikTok上播放总量逾308亿次。^①多元化的数字媒体产品和媒介渠道正助推着我国非遗的全球传播。据抖音发布的《2023非遗数据报告》显示，截至2023年5月，抖音上日均1.9万场非遗直播，每分钟大约有13场非遗内容开播。总体来看，新媒介影响范围更广，即时性、交互性更强，传播信息更加形象立体、生动有趣，深得广大受众青睐。新媒介具有海量信息、交互传播、超文本超链接等功能特点。利用新媒介传播非遗具有明显优势，有助于对非遗进行更加直观、立体甚至复原式的呈现。例如，可以通过网络录播、直播将非遗形式与制作过程更加客观形象地展示，或通过人工智能将非遗进行跨时空的场景复原等，从而带给受众客观真实、生动有趣的体验感受。受众还可以通过超链接查阅更多与非遗相关的信息，增加对非遗的认识，也可以灵活自主地选择自己感兴趣的非遗信息，进而传播分享自己了解到的非遗信息。

非遗博物馆是非遗传播的一个重要平台。数字技术在博物馆资源保存、保护管理以及文献研究等领域发挥着重要作用（图9-5）。许多非遗项目通过数字化记录和保存实现了网盘同步备份，同时科技的加入提升了非遗作品的保真性、交互性和观众的沉浸式体验感。利用展览、展馆、节会等实景场所和网络虚拟空间进行呈现展播，强化了非遗的感官体验，扩大了非遗的传播覆盖面。非遗数字化突破了时空的限制，可大大拓宽非遗应用范围和创造叠加式价值，促进现代创意产业价值链衍生，为非遗的活态传承赢得更多可能性，同时也会大幅提升非遗在大众中的普及度。

---

① 《短视频为非遗文化带来新动能》，光明网，2022年6月14日。

图9-5　非遗博物馆声光非遗展陈　陈梓芊　摄

　　"非遗+科技""非遗+时尚"等是非遗现代传播与活态传承的重要途径。例如，"非遗+科技"的应用之一是按照旅游主题分类进行非遗线路自动导航，提供网络预订语音导览服务、非遗空间和项目的电子图文视音频介绍以及实现互动评价论坛的信息反馈和文化交流等功能，有助于促进人们对非遗空间和非遗项目的深度认识。而非遗博物馆及各种非遗展览会中的科技手段更是给古老的非遗赋予了现代活力，使非遗赢得了更多观众的喜爱，从而提升了非遗的市场转化率。例如，第八届成都国际非遗艺术节相较往届艺术节最突出的特点是以高度的科技感展出让观众在非遗馆内进行沉浸式体验。利用数据采集、数字建模、3D立体打印完成部分非遗手工工艺，并利用数字技术进行展览。在展馆内，数字化的声光非遗呈现给观众带来全新的体验。观众可以亲自动手来体验非遗技艺，还可以通过线上直播参与学习。展览会上呈现的AI绘画技术在非遗制作上的运用大大缩短了非遗绘画时间，提高了绘画的精准度，不仅可以根据非遗原作进行复原绘制和完善，还能在传统品类基础上进行设计创新。又如，凉山州越西县以"数字非遗与乡村振兴"为主题的科技时尚秀成功亮相第20届中国互联网大会舞台，凭借彝族服饰与数字科技完美结合的呈现被称为中国互联网行业第一场"数字时尚大秀"。这场科技时尚秀不仅是彝族服饰文化的魅力诠释，更是一次中国非遗的科技化、国际化表达。再如，以羌绣为主题的展览在四川省成都市春熙路太古里的裸眼3D大屏上展播，利用3D技术全方位、多角度展现了羌绣的独特魅力，让羌绣闪亮在城市公共空间。科技让非遗鲜活在城市中心，非遗展也为城市增添了一抹独特的风景。

　　非遗的现代传播既要注重对非遗传统形式和内涵的合理保存，又要促进其在新时代的活态发展，需要调动多方面的积极性和有利条件。除了需要政府持续给予人才培养、生态环境建设等多方面的政策扶持和保障，加强对非遗在民族文化中重要地位和当代价值的宣传以外，还必须充分利用新兴科技更广泛和有效地推进非遗的现代传播与活态传承。新兴科技使非遗的形式和内涵不断发生改变，二者的有机融合能进一步确认和挖掘非遗的价值，助力非遗价值的当代转化、传播以及增值。数字化转型能催生新的非遗生产消费模式，包括个性化定制服务、体验经济、互动经济等富有时代特征的消费模式，让非遗以传统而现代的面貌鲜活在当代社会。全面做好非遗的现代传播是我国非遗保护传承中的一项重要而长期的工作。在非遗的现代传播中让更多民众认识非遗并积极参与非遗的保护传承，不仅有利于促进我国多民族文化交往交流交融，推动文化强国建设，还有利于推进世界文明互鉴，为人类文化的发展作出积极贡献。

人工智能与非遗 ⊛

　　技术为人类创造出全新的文化形态和文化环境，请举例谈谈人工智能艺术家、人工智能作家与非遗保护传承和发展的关系。

延伸思考题：
　　1. 非遗的保护传承取得了哪些主要成就？
　　2. 你怎样理解非遗在现代社会的活态传承？

3.你认为现代传播对非遗保护传承有何重要意义?

4.你认为应采取哪些措施和方法促进非遗的现代传播?

5.非遗对促进我国多民族文化交往交流交融,推动文化强国建设的现实意义是什么?

6.怎样用非遗讲好中国故事,发挥非遗在跨文化交流中的文明互鉴作用?

参考文献

阿牛木支、吉则利布：《彝族克智译注》，成都：四川大学出版社，2012年。

阿坝嘉绒文化研究会：《嘉绒文化研究》，成都：四川民族出版社，2016年。

阿坝藏族羌族自治州地方志编纂委员会：《阿坝州羌族志》，成都：巴蜀书社，2015年。

爱德华·霍尔：《无声的语言》，何道宽译，北京：北京大学出版社，2010年。

包鹏程、孔正毅：《艺术传播概论》，合肥：安徽大学出版社，2002年。

巴莫曲布嫫：《鹰灵与诗魂》，北京：社会科学文献出版社，2002年。

贝奈戴托·克罗齐：《历史学的理论与实际》，傅任敢译，北京：商务印书馆，1982年。

赤烈曲扎：《西藏风土志》，拉萨：西藏人民出版社，1982年。

蔡尚伟、温洪泉：《文化产业导论》，上海：复旦大学出版社，2006年。

单世联：《现代性与文化工业》，广州：广东人民出版社，2001年。

陈曦、周旻等注译：《史记》，北京：中华书局，2022年。

陈崇山、孙五三：《媒介·人·现代化》，北京：中国社会科学出版社，1997年。

陈蜀玉：《羌族文化》，成都：西南交通大学出版社，2008年。

陈勤建：《文艺民俗学导论》，上海：上海文艺出版社，1991年。

陈建宪：《民俗文化与创意产业》，武汉：华中师范大学出版社，2012年。

陈池瑜：《现代艺术学导论》，北京：清华大学出版社，2005年。

程代熙：《马克思〈手稿〉中的美学思想讨论集》，西安：陕西人民出版社，1983年。

杜建华、王定欧：《川剧》，北京：文化艺术出版社，2012年。

杜学德：《中国民间演艺》，石家庄：河北人民出版社，2013年。

丹尼尔·亚伦·西尔、特里·尼科尔斯·克拉克：《场景：空间品质如何塑造社会生活》，祁述裕、吴军等译，北京：社会科学文献出版社，2019年。

戴维·迈尔斯：《社会心理学》，侯玉波、乐国安、张智勇等译，北京：人民邮电出版社，2016年。

方勇译注：《孟子》，北京：中华书局，2010年。

格罗塞：《艺术的起源》，蔡幕晖译，北京：商务印书馆，2017年。

高丙中：《民俗文化与民俗生活》，北京：中国社会科学出版社，1994年。

胡易容：《图像符号学——传媒景观世界的图式把握》，成都：四川大学出版社，2014年。

胡畛：《传播学视域下的四川藏羌彝非遗研究》，成都：四川大学出版社，2021年。

赫伯特·马歇尔·麦克卢汉：《理解媒介：论人的延伸——文化和传播译丛》，何道宽译，北京：商务印书馆，2000年。

降边嘉措、吴伟：《格萨尔王》，沈阳：辽宁教育出版社，2008年。

克利福德·格尔茨：《文化的解释》，韩莉译，南京：译林出版社，1999年。

梁漱溟：《中国文化要义》，北京：商务印书馆，2021年。

罗中枢：《西部发展研究》，北京：社会科学文献出版社，2017年。

吕思勉：《先秦史》，北京：北京理工大学出版社，2016年。

吕思勉：《秦汉史》，北京：北京理工大学出版社，2016年。

吕思勉：《隋唐五代史》，北京：北京理工大学出版社，2016年。

李锦：《民族文化生态与经济协调发展》，北京：民族出版社，2008年。

李彬：《传播符号论》，北京：清华大学出版社，2012年。

李荣启：《非物质文化遗产科学保护论》，北京：中国文联出版社，2021年。

李云、周泉根：《藏戏》，杭州：浙江人民出版社，2005年。

凉山州文化广电新闻出版局：《凉山州非物质文化遗产名录丛书（第一辑）》，北京：中国社会科学出版社，2015年版。

迈克尔·A．豪格、多米尼克·阿布拉姆斯：《社会认同过程》，高明华译，北京：中国人民大学出版社，2011年。

莫里斯·哈布瓦赫：《论集体记忆》，毕然、郭金华译，上海：上海人民出版社，2002年。

曲木伍各、阿牛木支：《凉山彝族漆器文化研究》，北京：民族出版社，2015年。

让·鲍德里亚：《物体系》，林志明译，上海：上海人民出版社，2001年。

让·鲍德里亚：《消费社会》，刘成富、全志钢译，南京：南京大学出版社，2014年。

让·鲍德里亚：《符号政治经济学批判》，夏莹译，南京：南京大学出版社，2015年。

宋蜀华、陈克进：《中国民族概论》，北京：中央民族大学出版社，2001年。

宋俊华：《中国非物质文化遗产保护发展报告（2017）》，北京：社会科学文献出版社，2017年。

宋俊华：《中国非物质文化遗产保护发展报告（2018）》，北京：社会科学文献出版社，2018年。

宋俊华：《中国非物质文化遗产保护发展报告（2019）》，北京：社会科学文献出版社，2020年。

宋俊华：《中国非物质文化遗产保护发展报告（2020）》，北京：社会科学文献出版社，2021年。

宋俊华：《中国非物质文化遗产保护发展报告（2021）》，北京：社会科学文献出版社，2022年。

宋俊华，李惠：《中国非物质文化遗产保护发展报告（2022）》，北京：社会科学文献出版社，2023年。

史忠植：《认知科学》，合肥：中国科学技术大学出版社，2008年。

孙英春：《跨文化传播学》，北京：北京大学出版社，2015年。

陶思炎：《应用民俗学》，南京：江苏教育出版社，2001年。

特伦斯·霍克斯：《结构主义和符号学》，瞿铁鹏译，上海：上海译文出版社，1987年。

王秀梅译注：《诗经·国风》，北京：中华书局，2015年。

王世舜、王翠叶译注：《尚书》，北京：中华书局，2012年。

吴秋林、陈学礼著，瞿明安、何明编：《中国西部民族文化通志影视卷》，昆明：云南人民出版社，2015年。

王秀旺著，贵州省少数民族语言文字办公室：《彝族元文化典论》，北京：民族出版社，2016年。

王文章：《非物质文化遗产概论》，北京：文化艺术出版社，2006年。

韦安多：《凉山彝族文化艺术研究》，成都：四川民族出版社，2004年。

威廉·A.哈维兰、哈拉尔德E·L·普林斯、邦尼·麦克布莱德、达纳·沃尔拉斯：《文化人类学——人类的挑战》，陈相超、冯然等译，北京：机械工业出版社，2014年。

瓦尔特·本雅明：《机械复制时代的艺术作品》，王才勇译，南京：江苏人民出版社，2006年。

徐新建：《文化遗产研究（第十辑）》，成都：四川大学出版社，2018年。

许正林：《欧洲传播思想史》，上海：上海人民出版社，2022年。

向云驹：《解读非物质文化遗产》，银川：宁夏人民出版社，2009年。

肖远平、柴立：《中国少数民族非物质文化遗产发展报告（2015）》，北京：社会科学文献出版社，2015年。

肖远平、柴立：《中国少数民族非物质文化遗产发展报告（2016）》，北京：社会科学文献出版社，2016年。

谢林：《艺术哲学》，魏庆征译，北京：中国社会出版社，1996年。

钟敬文：《民俗学概论》，上海：上海文艺出版社，2009年。

赵毅衡：《符号学原理与推演》，南京：南京大学出版社，2011年。

赵毅衡：《趣味符号学》，重庆：重庆大学出版社，2015年。

张春秀、刘目斌：《民俗：在适应与变迁中传承》，北京：中央民族大学出版社，2008年。

政协马尔康县委员会，阿坝嘉绒文化研究会：《雪山土司王朝：卓克基第十六代土司索观瀛传》，成都：四川民族出版社，2013年。